Foto: Houghton Mifflin Co.

Lois Lowry wurde 1937 in Honolulu, Hawaii, geboren und hat im Laufe ihrer Kindheit an verschiedenen Orten gelebt: New York, Pennsylvania, Tokio. Schon früh, mit 19 Jahren, heiratete sie und war mit 26 Mutter von 4 Kindern. Erst mit über 30 begann sie Literatur und Photographie zu studieren. Heute lebt sie abwechselnd in Boston und einem kleinen Ort in New Hampshire.

›A Summer to Die‹ war das erste Buch, das sie für junge Leser schrieb und dem sie die Geschichte ihrer krebskranken Schwester zugrunde legte. Seither hat Lois Lowry mehr als 20 Bücher veröffentlicht, die in mehrere Sprachen übersetzt und mit wichtigen Kinderbuchpreisen ausgezeichnet worden sind. Für ›Wer zählt die Sterne‹ erhielt sie 1990 die Newbery Medal, den renommiertesten Kinderbuchpreis der USA.

Wer zählt die Sterne. Es herrscht Krieg in Europa. Dänemark ist von den deutschen Truppen besetzt. Die zehnjährige Annemarie Johansen stört daran zunächst nur, dass es keine Süßigkeiten mehr gibt, keinen Topfkuchen mit rosa Zuckerguss beispielsweise, den sie besonders gerne mag. Ansonsten genießt sie die Wettrennen, die sie regelmäßig mit ihrer Freundin Ellen auf dem Nachhauseweg veranstaltet und die sie meist gewinnt. Die beiden spielen auch oft mit Annemaries kleiner Schwester Kirsti, obwohl diese manchmal eine richtige Nervensäge ist. Trotz Krieg leben die Mädchen beschützt und geborgen in ihrer kleinen Welt. Anders wird es erst, als die Nazis auch in Dänemark damit beginnen, Juden zu verfolgen – denn Ellen ist Jüdin. Die Johansens nehmen Ellen in ihre Familie auf. Als die Situation immer schwieriger wird, beschließen Ellens Eltern, mit ihrer Tochter Dänemark zu verlassen. Annemaries ganzer Mut ist nun gefordert, denn sie muss bei der Flucht helfen...

Lois Lowry

Wer zählt die Sterne

Aus dem Amerikanischen
von Andreas Steinhöfel

Fischer Taschenbuch Verlag

Fischer Schatzinsel
Herausgegeben von Markus Niesen

Veröffentlicht im Fischer Taschenbuch Verlag GmbH,
Frankfurt am Main, September 1999

Die amerikanische Originalausgabe erschien 1989 unter dem Titel
›Number the Stars‹ bei Houghton Mifflin, Boston

Die deutsche Erstausgabe erschien 1996 im
Hardcover-Programm der Fischer Schatzinsel
Für die deutschsprachige Ausgabe:

Lektorat: Annette Weber
Gesamtherstellung: Clausen & Bosse, Leck
Printed in Germany
ISBN 3-596-80182-6

Nach den Regeln der neuen Rechtschreibung

Inhalt

Meiner Freundin Annelise Platt
Tusind tak

Warum habt ihr es so eilig?

»Lass uns bis zur nächsten Ecke um die Wette laufen, Ellen!« Annemarie schob den dicken Schulranzen aus Leder auf ihrem Rücken zurecht, damit die Bücher sich gleichmäßig darin verteilten. »Fertig?« Sie sah ihre beste Freundin an.
Ellen verzog das Gesicht. »Nein«, sagte sie lachend. »Du weißt genau, dass ich dich nicht schlagen kann – meine Beine sind nicht so lang wie deine. Können wir nicht ganz normal gehen, wie andere Leute auch?« Sie war zehn Jahre alt und im Gegensatz zu ihrer hoch geschossenen Freundin Annemarie eher untersetzt.
»Wir müssen für den Wettkampf am Freitag üben – ich bin sicher, dass ich das Wettlaufen der Mädchen gewinnen werde. Letzte Woche war ich noch Zweite, aber ich habe jeden Tag trainiert. Komm schon, Ellen«, bettelte Annemarie, mit den Augen bereits die Distanz zur nächsten Ecke der Kopenhagener Straße messend. »Bitte!«

Ellen zögerte, dann nickte sie und zog ihren eigenen Schulranzen voller Bücher dicht an die Schultern.

»Na gut«, sagte sie. »Fertig.«

»Los!«, rief Annemarie und schon stürmten die beiden Mädchen an den Wohnhäusern vorbei, die den Gehsteig säumten. Annemaries silberblondes Haar wirbelte auf und Ellens dunkle Zöpfe schlugen gegen ihre Schultern.

»He, wartet auf mich!«, heulte die zurückgelassene kleine Kirsti, doch die beiden älteren Mädchen hörten nicht auf sie.

Annemarie gewann rasch einen Vorsprung vor ihrer Freundin, obwohl der Schnürsenkel einer ihrer Schuhe sich öffnete, als sie durch die Straße Østerbrogade schoss, vorbei an den kleinen Läden und Cafés ihrer Nachbarschaft im nordöstlichen Teil Kopenhagens. Lachend wich sie einer älteren, schwarz gekleideten Dame aus, die ein Einkaufsnetz trug. Eine junge Frau, die einen Kinderwagen vor sich her schob, trat beiseite, um ihr den Weg frei zu machen. Die Straßenecke lag dicht vor ihr.

Annemarie sah keuchend auf, als sie die Ecke erreicht hatte. Ihr Lachen erstarb. Ihr Herz schien einen Schlag auszusetzen.

»*Halt!*«, befahl ein Soldat mit ernster Stimme.

Das deutsche Wort war so vertraut wie furchtein-

flößend. Annemarie hatte es oft genug vernommen. Nur war es bisher nie an sie selbst gerichtet gewesen.
Hinter ihr verlangsamte auch Ellen ihren Schritt und blieb stehen. Weit abgeschlagen trottete die kleine Kirsti ihnen nach, das Gesicht zu einer Schnute verzogen, weil die beiden Mädchen nicht auf sie gewartet hatten.
Annemarie hob den Blick. Es waren zwei Männer. Was zwei Helme bedeutete, zwei Paar kalte Augen, die sie anblitzten, und vier auf Hochglanz polierte Stiefel, die bestimmt auf dem Gehsteig aufgepflanzt waren und ihr den Nachhauseweg versperrten.
Und es bedeutete zwei Gewehre, die fest in den Händen der Soldaten lagen. Annemarie starrte zuerst auf die Gewehre. Erst dann sah sie ins Gesicht des Soldaten, der ihr befohlen hatte, stehen zu bleiben.
»Warum habt ihr es so eilig?«, fragte die barsche Stimme. Sein Dänisch war miserabel. Drei Jahre, dachte Annemarie verächtlich. Seit drei Jahren sind sie jetzt schon in unserem Land, doch unsere Sprache beherrschen sie immer noch nicht.
»Ich bin mit meiner Freundin um die Wette gelaufen«, antwortete sie höflich. »Nächsten Freitag ist in unserer Schule ein Wettlauf und da will ich gut

sein, und –« Ihre Stimme verebbte, ohne den Satz zu beenden. Red nicht so viel, befahl sie sich. Beantworte nur ihre Fragen, sonst nichts.

Sie warf einen Blick über die Schulter. Dicht hinter ihr stand Ellen bewegungslos auf dem Gehsteig. Weiter entfernt trottete Kirsti, immer noch schmollend, langsam auf die Straßenecke zu. Aus einem nahe gelegenen Laden war eine Frau auf die Straße getreten, wo sie nun reglos stand und sie beobachtete.

Einer der Soldaten, der größere, trat auf sie zu. Annemarie erkannte in ihm den Mann, den sie und Ellen im Flüsterton immer »die Giraffe« nannten, seiner Größe und des langen Halses wegen, der aus dem steifen Kragen seiner Uniform wuchs. Er und sein Kollege standen immer an dieser Ecke.

Er stieß mit dem Lauf seines Gewehres gegen ihren Ranzen. Annemarie zitterte. »Was ist da drin?«, fragte er laut. Aus dem Augenwinkel bemerkte sie, wie die Ladenbesitzerin sich leise in den Schatten im Eingang ihres Geschäfts zurückzog und verschwand.

»Schulbücher«, antwortete sie wahrheitsgemäß.

»Bist du eine gute Schülerin?«, fragte der Soldat. Es schien, als verzerre ein höhnisches Grinsen sein Gesicht.

»Ja.«

»Wie heißt du?«

»Annemarie Johansen.«

»Und deine Freundin – ist sie auch gut in der Schule?« Er sah über sie hinweg auf Ellen, die sich nicht gerührt hatte.

Annemarie drehte sich zu Ellen um und bemerkte, daß deren sonst rosiges Gesicht erbleicht war. Die dunklen Augen waren weit aufgerissen.

Sie nickte dem Soldaten zu. »Sie ist noch besser als ich.«

»Wie heißt sie?«

»Ellen.«

»Und wer ist das?«, fragte er mit einem Blick auf Kirsti, die plötzlich an Annemaries Seite aufgetaucht war und sie alle missmutig beäugte.

»Meine kleine Schwester.« Sie griff nach Kirstis Hand, doch Kirsti, dickköpfig wie immer, weigerte sich, sie anzunehmen, und stemmte die Hände trotzig in die Hüften.

Der Soldat beugte sich herab und strich ihrer Schwester über die kurzen, verwuschelten Locken. Bleib ganz ruhig, Kirsti, befahl Annemarie in Gedanken, im Stillen betend, die Nachricht möge bei ihrer bockigen Schwester ankommen.

Doch Kirsti griff nach oben und fegte die Hand des Soldaten von ihrem Kopf. »Nicht!«, sagte sie laut.

Die Soldaten brachen in Gelächter aus. Sie unterhielten sich in schnellem Deutsch, das Annemarie nicht verstand.
»Sie ist hübsch. Wie meine eigene kleine Tochter«, sagte der größere Soldat, etwas freundlicher als zuvor.
Annemarie versuchte höflich zu lächeln.
»Und nun nach Hause mit euch. Studiert eure Schulbücher. Und rennt nicht. Man wird euch für Ganoven halten, wenn ihr rennt.«
Die zwei Soldaten wandten sich ab. Schnell, bevor Kirsti sich ihr widersetzen konnte, schnappte Annemarie die Hand ihrer Schwester. Das kleine Mädchen eilig hinter sich her ziehend, bog sie um die Ecke. Im nächsten Moment war Ellen an ihrer Seite. Ohne zu sprechen, Kirsti zwischen sich, gingen sie still auf den großen Häuserblock zu, in dem ihre Familien lebten.
Kurz bevor sie zu Hause ankamen, flüsterte Ellen: »Ich hatte solche Angst.«
»Ich auch«, gab Annemarie flüsternd zurück.
Den Blick unbeirrt geradeaus gerichtet, gingen sie auf die Haustür zu. Sie sahen absichtlich nicht zur Seite, um nicht die Aufmerksamkeit von zwei weiteren Soldaten zu erregen, die mit ihren Gewehren auch an dieser Ecke standen. Kirsti war die erste, die eilig ins Haus trippelte, fröhlich über das Bild

plappernd, das sie aus dem Kindergarten mitbrachte und ihrer Mutter zeigen wollte. Für Kirsti gehörten die Soldaten zur Umgebung, sie waren schon immer da gewesen, hatten, so weit ihre Erinnerung zurückreichte, schon immer, so uninteressant wie Laternenpfähle, an jeder Ecke gestanden.
»Wirst du es deiner Mutter erzählen?«, fragte Ellen, als sie neben Annemarie die Treppen hinaufstapfte.
»Meiner erzähle ich es nicht. Sie würde sich nur aufregen.«
»Ich sage auch nichts. Mama würde mich wahrscheinlich dafür schelten, dass ich die Straße entlanggerannt bin.«
Im zweiten Stock, wo Ellen wohnte, verabschiedete sie sich von der Freundin und ging ein weiteres Stockwerk nach oben. In Gedanken legte sie sich eine freudige Begrüßung für ihre Mutter zurecht: ein Lächeln, der Bericht über das heutige Diktat, bei dem sie so gut abgeschnitten hatte.
Aber sie kam zu spät, Kirsti war vor ihr eingetroffen.
»Und er hat sein Gewehr gegen Annemaries Ranzen gedrückt und dann hat er mir in die Haare gegriffen!«, plapperte Kirsti, die in der Mitte des Wohnzimmers stand und ihren Pullover auszog. »Aber ich hatte keine Angst. Annemarie und Ellen hatten Angst, aber ich nicht!«

Frau Johansen erhob sich rasch von dem Stuhl, auf dem sie am Fenster gesessen hatte. Auch Ellens Mutter, Frau Rosen, war anwesend, sie saß auf dem Stuhl gegenüber. Wie an so vielen Nachmittagen hatten die Frauen gemeinsam Kaffee getrunken. Natürlich war es kein richtiger Kaffee, auch wenn die beiden Frauen noch immer von »Kaffeetrinken« sprachen. Es hatte keinen richtigen Kaffee mehr gegeben, seit die Nazis Dänemark besetzt hatten. Nicht einmal richtigen Tee. Die Mütter tranken heißes Wasser, dem sie mit Kräutern Geschmack verliehen.

»Annemarie, was ist passiert? Wovon redet Kirsti?«, fragte ihre Mutter nervös.

»Wo ist Ellen?« Frau Rosens Blick war verängstigt.

»Ellen ist in Ihrer Wohnung. Sie wusste nicht, dass Sie hier sind«, erklärte Annemarie. »Sie müssen sich keine Sorgen machen. Es waren die beiden Soldaten, die an der Ecke Østerbrogade stehen – Sie haben sie bestimmt schon gesehen, der eine mit so einem langen Hals, der aussieht wie eine dumme Giraffe?« Sie berichtete ihrer Mutter und Frau Rosen von dem Zwischenfall, den sie so harmlos und unwichtig wie möglich darzustellen versuchte. Doch der ängstliche Ausdruck wich nicht aus den Gesichtern.

»Ich hab ihm auf die Hand gehauen und ihn angeschrien«, verkündete Kirsti wichtigtuerisch.
»Hat sie nicht, Mama«, versicherte Annemarie ihrer Mutter. »Sie übertreibt, wie gewöhnlich.«
Frau Johansen trat ans Fenster und sah auf die Straße hinab. Die Kopenhagener Nachbarschaft war ruhig, nichts wirkte anders als sonst: Menschen, die Geschäfte betraten und wieder verließen, spielende Kinder, die Soldaten an der Ecke.
Mit gesenkter Stimme sprach sie zu Ellens Mutter. »Sie sind nervös seit der letzten Aktion des Widerstands. Hast du in *De Frie Danske* den Bericht über die Bombardierungen von Hillerod und Norrebro gelesen?«
Annemarie lauschte, während sie so tat, als packe sie ihren Ranzen aus. Sie wusste, worauf ihre Mutter anspielte. *De Frie Danske – Die freien Dänen –* war eine illegale Zeitung, die Peter Neilsen ihnen von Zeit zu Zeit vorbeibrachte, sorgfältig gefaltet und zwischen gewöhnlichen Büchern und anderen Zeitungen versteckt. Mama verbrannte die Zeitung sofort, nachdem sie und Papa sie gelesen hatten. Doch manchmal, tief in der Nacht, hörte Annemarie, wie ihre Eltern sich über die Neuigkeiten unterhielten, die sie auf diesem Weg erfahren hatten: Sabotageaktionen gegen die Nazis; versteckte Bomben, die in Munitionsfabriken deto-

niert waren; für die Industrie lebenswichtige Eisenbahnlinien, jetzt zerstört, so dass keine Güter transportiert werden konnten.
Und sie wusste um die Bedeutung des Wortes *Widerstand*. Papa hatte sie ihr erklärt, als sie das Wort gehört und danach gefragt hatte. Die Widerstandskämpfer waren Dänen – wer genau, wusste keiner, weil sie sich versteckt hielten –, die entschlossen waren, den Nazis so viel Schaden wie möglich zuzufügen. Sie zerstörten deutsche Lastwagen und Autos und bombardierten ihre Fabriken. Sie waren sehr tapfer. Es kam vor, dass einige von ihnen gefangen genommen und getötet wurden.
»Ich muss mit Ellen sprechen«, sagte Frau Rosen und ging zur Tür. »Ab morgen werdet ihr Mädchen einen anderen Schulweg benutzen. Versprich mir das, Annemarie. Und Ellen muss es mir auch versprechen.«
»Das tun wir, Frau Rosen, aber was hat das für einen Sinn? Es stehen sowieso an jeder Ecke deutsche Soldaten.«
»Sie werden eure Gesichter wieder erkennen.« Im Eingang zum Flur drehte Frau Rosen sich um. »Es ist wichtig, immer ein Teil der Masse zu bleiben. Du musst einer von vielen sein. Du musst dafür sorgen, dass sie sich niemals an dein Gesicht erin-

nern.« Sie verschwand im Flur und schloss die Tür hinter sich.

»An mein Gesicht erinnert er sich *bestimmt*, Mama«, rief Kirsti begeistert. »Er hat nämlich gesagt, ich sähe aus wie seine kleine Tochter. Er sagte, ich wäre hübsch.«

»Wenn er selbst so ein hübsches kleines Mädchen hat, warum geht er dann nicht zu ihm zurück, wie es sich für einen guten Vater gehört?«, murmelte Frau Johansen. Sie streichelte Kirstis Wange. »Warum kehrt er nicht in sein eigenes Land zurück?«

»Mama, gibt es was zu essen?«, fragte Annemarie, in der Hoffnung, die Gedanken ihrer Mutter von den Soldaten abzulenken.

»Nimm dir etwas Brot. Und gib deiner Schwester auch ein Stück.«

»Mit Butter?«, fragte Kirsti hoffnungsvoll.

»Keine Butter«, gab ihre Mutter zurück. »Das weißt du doch.«

Kirsti seufzte vernehmlich, als Annemarie an den Brotkasten in der Küche ging. »Ich wünschte, ich hätte einen Topfkuchen«, sagte sie. »Einen großen, gelben Topfkuchen mit rosa Zuckerguss.«

Ihre Mutter lachte. »Für ein so kleines Mädchen hast du ein erstaunlich gutes Gedächtnis«, sagte sie zu Kirsti. »Es fehlt seit langem an Butter und

Zucker, um einen Topfkuchen zu backen. Seit mindestens einem Jahr.«

»Wird es irgendwann wieder Topfkuchen geben?«

»Wenn der Krieg vorbei ist«, sagte Frau Johansen. Sie sah aus dem Fenster auf die Soldaten hinunter, die an der Straßenecke standen, ihre Gesichter ausdruckslos unter den Stahlhelmen. »Wenn die Soldaten gegangen sind.«

Wer ist der Mann auf dem Pferd?

»Erzähl mir eine Geschichte, Annemarie«, bettelte Kirsti, als sie sich in dem großen Bett, das sie beide miteinander teilten, an ihre Schwester kuschelte. »Erzähl mir ein Märchen.«

Annemarie lächelte und legte im Dunkeln die Arme um ihre Schwester. Alle dänischen Kinder wuchsen mit Märchen auf. Hans Christian Andersen, der berühmteste Märchenerzähler der Welt, war selbst Däne.

»Wie wäre es mit der Kleinen Meerjungfrau?« Das war früher Annemaries Lieblingsmärchen gewesen.

Doch Kirsti sagte nein. »Erzähl mir eins, das mit einem König und einer Königin anfängt. Und mit ihrer schönen Tochter.«

»Also gut. Es war einmal ein König...«, begann Annemarie.

»Und eine Königin«, flüsterte Kirsti. »Vergiss die Königin nicht!«

»... und eine Königin. Die lebten in einem wunderschönen Schloss und –«
»War das Schloss die Amalienburg?«, fragte Kirsti schläfrig.
»Psst. Wenn du mich ständig unterbrichst, kommen wir nie ans Ende der Geschichte. Nein, es war nicht die Amalienburg. Es war ein erfundenes Schloss.«
Annemarie erzählte weiter: vom König und seiner Königin und von deren schöner Tochter, Prinzessin Kirsti; sie fügte der Geschichte festliche Bälle, wunderschöne, goldbesetzte Kleider und unzählige Topfkuchen mit rosa Zuckerguss bei, bis Kirstis tiefes, gleichmäßiges Atmen ihr verriet, dass ihre kleine Schwester fest eingeschlafen war.
Sie hielt inne und für einen Moment erwartete sie, Kirsti murmeln zu hören: »Und was passierte dann?« Doch Kirsti schwieg. Annemaries Gedanken wandten sich dem echten König zu, Christian dem Zehnten, und dem echten Schloss, der Amalienburg, in dem er im Zentrum Kopenhagens lebte.
Wie sehr das dänische Volk König Christian liebte! Er war keiner dieser Könige aus den Märchen, die von Balkonen herab ihren Untertanen Befehle erteilten oder die auf goldenen Thronen saßen, wo

sie nach Unterhaltung verlangten und nichts Besseres zu tun hatten, als ihren Töchtern passende Ehemänner zu suchen. König Christian war ein wirklicher Mensch aus Fleisch und Blut, ein Mann mit einem ernsten, freundlichen Gesicht. Als sie noch jünger war, hatte sie ihn oft gesehen. Jeden Morgen hatte er auf dem Rücken seines Pferdes Jubilee den Palast verlassen, um durch die Straßen Kopenhagens zu reiten und sein Volk zu grüßen. Als Annemarie noch ein kleines Mädchen war, hatte ihre ältere Schwester Lise sich ab und zu mit ihr an die Straße gestellt, damit sie König Christian zuwinken konnte. Und manchmal hatte er ihnen zurückgewinkt und dabei gelächelt. »Jetzt bist du für immer etwas ganz Besonderes«, hatte Lise einst zu ihr gesagt, »denn du wurdest von einem König gegrüßt.«

Annemarie drehte den Kopf auf dem Kissen und starrte zwischen halb geöffneten Vorhängen aus dem Fenster hinaus in die dämmerige Septembernacht. An Lise zu denken, ihre ernste, liebenswerte Schwester, machte sie stets traurig.

Also wandte sie ihre Gedanken wieder dem König zu, der, im Gegensatz zu Lise, noch lebte. Sie erinnerte sich an eine Geschichte, die Papa ihr erzählt hatte, kurz nach Beginn des Krieges, kurz nachdem Dänemark sich freiwillig unterworfen hatte

und über Nacht Soldaten einmarschiert waren, um ihre Plätze an den Straßenecken einzunehmen.
Eines Abends hatte Papa erzählt, er habe im Laufe des Tages etwas besorgen wollen, ganz in der Nähe seines Büros, als König Christian bei seinem Morgenausritt vorbeigekommen sei. Einer der deutschen Soldaten habe sich plötzlich umgedreht, um einem in seiner Nähe stehenden Jungen eine Frage zu stellen.
»Wer ist der Mann auf dem Pferd, der hier jeden Morgen vorbeireitet?«, hatte der deutsche Soldat gefragt.
Papa sagte, er habe in sich hineinlächeln müssen, weil der deutsche Soldat das nicht wusste. Er habe gelauscht, als der Junge antwortete.
»Das ist unser König«, erklärte der Junge dem Soldaten. »Der König von Dänemark.«
»Wo ist seine Leibwache?«, hatte der Soldat wissen wollen.
»Und weißt du, was der Junge gesagt hat?«, hatte Papa Annemarie gefragt. Sie saß auf seinem Schoß. Sie war damals noch klein, gerade sieben Jahre alt. Sie schüttelte den Kopf, in Erwartung der Antwort.
»Der Junge sah dem Soldaten direkt ins Gesicht, und er sagte: ›Ganz Dänemark ist seine Leibwache.‹«

Annemarie hatte ein Schauern überlaufen. Diese Antwort fand sie sehr mutig. »Stimmt das, Papa?«, fragte sie. »Was der Junge gesagt hat?«
Papa dachte eine Weile nach. Er wog jede Frage sorgfältig ab, bevor er sie beantwortete. »Ja«, sagte er schließlich. »Es ist wahr. Um König Christian zu schützen, würde jeder Däne sein Leben geben.«
»Du auch, Papa?«
»Ja.«
»Und Mama?«
»Mama ebenfalls.«
Erneut war Annemarie erschauert. »Dann würde ich es auch tun, Papa. Wenn ich müsste.«
Für einen Moment hatten sie beide geschwiegen. Mama hatte, von der anderen Seite des Zimmers aus, Annemarie und Papa beobachtet und dabei gelächelt. An jenem Abend vor drei Jahren hatte Mama geklöppelt: die Spitzenkante eines Kissenbezuges, der zu Lises Aussteuer gehörte. Wie im Flug hatten ihre Finger den dünnen weißen Faden in einen kompliziert verwobenen Saum verwandelt. Lise war zu dieser Zeit eine erwachsene junge Frau von achtzehn Jahren, die kurz vor ihrer Hochzeit mit Peter Neilsen stand. Wenn Lise und Peter sich vermählten, sagte Mama, dann würden Annemarie und Kirsti zum ersten Mal in ihrem Leben einen Bruder haben.

»Papa«, hatte Annemarie die Stille unterbrochen, »manchmal frage ich mich, warum der König uns nicht beschützen konnte. Warum hat er die Nazis nicht bekämpft, damit sie und ihre Gewehre nicht nach Dänemark kommen konnten?«

Papa seufzte. »Wir sind ein solch kleines Land«, sagte er. »Und die Nazis sind ein so übermächtiger Feind. Unser König war weise. Er wusste, wie wenige Soldaten Dänemark hatte. Er wusste, dass viele, sehr viele Menschen sterben würden, wenn wir kämpften.«

»In Norwegen haben sie gekämpft«, gab Annemarie zu bedenken.

Papa nickte. »Sie haben sehr heftig gekämpft in Norwegen. Dort haben sie Gebirge, in denen sich die norwegischen Soldaten verstecken konnten. Und dennoch wurde Norwegen vernichtend geschlagen.«

Vor ihrem inneren Auge hatte Annemarie sich Norwegen, das oberhalb von Dänemark lag, so vorgestellt, wie sie es von der Landkarte in der Schule kannte. Auf der Landkarte war Norwegen rosa. Sie stellte sich vor, wie der schmale rosa Streifen, der Norwegen darstellte, von einer riesigen Faust zerschlagen wurde.

»Sind jetzt in Norwegen auch deutsche Soldaten, so wie hier?«

»Ja«, sagte Papa.

»In Holland auch«, fügte Mama von der anderen Seite des Raums hinzu. »Und in Belgien, und in Frankreich.«

»Aber nicht in Schweden!« verkündete Annemarie, stolz darauf, dass sie so viel über die Welt wusste. Auf der Landkarte war Schweden blau und sie hatte Schweden sogar schon *gesehen*, auch wenn sie niemals dort gewesen war. Hinter Onkel Henriks Haus hatte sie gestanden, im Norden Kopenhagens, und über das Wasser – über denjenigen Teil der Ostsee, den man das Kattegat nannte – zu dem Land auf der gegenüberliegenden Seite geschaut. »Was du da siehst, ist Schweden«, hatte Onkel Henrik ihr erklärt. »Du siehst ein anderes Land.«

»Ja, das ist richtig«, hatte Papa gesagt. »Schweden ist noch frei.«

Und jetzt, drei Jahre später, war es noch immer wahr. Doch ansonsten hatte vieles sich geändert. König Christian wurde alt und vergangenes Jahr hatte er sich bei einem Sturz von seinem Pferd, dem treuen, alten Jubilee, der ihn allmorgendlich durch Kopenhagen getragen hatte, verletzt. Viele Tage lang hatten sie befürchtet, er müsse sterben, und ganz Dänemark hatte getrauert.

Doch König Christian der Zehnte war nicht gestorben.
Es war Lise, die nicht mehr lebte. Ihre schlanke, schöne Schwester war es, die, zwei Wochen vor ihrer Hochzeit, bei einem Unfall gestorben war. In der blauen, holzgeschnitzten Truhe, die in der Ecke des Zimmers stand – Annemarie konnte selbst im Dunkeln die Form ausmachen –, lagen zusammengefaltet Lises Kissenbezüge mit den geklöppelten Rändern, ihr Hochzeitskleid mit dem handgearbeiteten, spitzenbesetzten Halsausschnitt, nie benutzt, sowie das gelbe Kleid, das sie getragen und in dem sie, der Rock in alle Richtungen fliegend, bei ihrer Verlobungsfeier mit Peter getanzt hatte.
Mama und Papa sprachen nie von Lise und niemals öffneten sie die Truhe. Doch Annemarie tat es, von Zeit zu Zeit, wenn sie sich allein in der Wohnung wusste. Sacht berührte sie dann Lises Sachen, erinnerte sich an ihre ruhige, sanftmütige Schwester, die sich so sehr auf die Hochzeit und auf eigene Kinder gefreut hatte.
Peter, der rothaarige Verlobte ihrer Schwester, hatte in den Jahren nach Lises Tod nicht geheiratet. Er hatte sich sehr verändert. Einst war er Annemarie und Kirsti wie ein großer, stets zu Späßen aufgelegter Bruder vorgekommen, der sie kitzelte

und neckte und dabei einen unerschöpflichen Vorrat an Dummheiten und Streichen parat hatte. Wenn er sie heute, wie er es immer noch häufig tat, besuchte, begrüßte er die Mädchen zwar mit einem warmen Lächeln, doch in der Regel hatte er es eilig und sprach rasch mit ihren Eltern über Dinge, die Annemarie nicht verstand. Die lustigen Lieder, über die Annemarie und Kirsti früher vor Vergnügen gequietscht hatten, sang er nicht mehr und er hielt sich auch nicht mehr lange auf.

Auch Papa hatte sich verändert. Er wirkte älter und sehr müde, wie zerstört.

Die ganze Welt hatte sich verändert. Nur die Märchen waren dieselben geblieben.

»Und wenn sie nicht gestorben sind, dann leben sie noch heute«, flüsterte Annemarie in die Dunkelheit und beendete damit die Erzählung für ihre Schwester, die, einen Daumen im Mund, an ihrer Seite schlief.

Wo ist Frau Hirsch?

Die Septembertage verstrichen, einer nach dem anderen. Annemarie und Ellen gingen gemeinsam zur Schule und wieder nach Hause, immer darauf bedacht, den längeren Weg zu nehmen, um dem hoch gewachsenen Soldaten und seinem Kollegen nicht zu begegnen. Kirsti trödelte hinter ihnen her oder sprang voraus, stets in Sichtweite.

Noch immer tranken die beiden Mütter an den Nachmittagen »Kaffee«. Als die Tage langsam kürzer wurden und die ersten Blätter von den Bäumen zu Boden trudelten, begannen sie damit, Handschuhe zu stricken, denn der nächste Winter nahte. Jedermann erinnerte sich an den letzten Winter. Jetzt gab es keine Brennstoffe mehr für die Häuser und Wohnungen Kopenhagens und die Winternächte waren schrecklich kalt.

Wie alle Familien in ihrem Haus, so hatten auch die Johansens ihren alten Kamin geöffnet und einen kleinen Ofen darin eingebaut, den sie als Heizung benutzten, wenn ihnen dafür Kohle zur Verfügung stand. Gelegentlich benutzte Annemaries Mutter den Ofen auch als Kochstelle, weil inzwischen selbst der Strom rationiert war. Nachts spendeten Kerzen flackerndes Licht. Manchmal beschwerte sich Ellens Vater, der Lehrer war, darüber, dass es nicht hell genug war, um die Arbeiten seiner Schüler korrigieren zu können.

»Demnächst werden wir dir eine weitere Decke auflegen müssen«, sagte Mama eines Morgens, als sie und Annemarie das Schlafzimmer aufräumten.

»Kirsti und ich haben Glück, wir können einander im Winter wärmen«, sagte Annemarie. »Ellen ist arm dran, die hat keine Schwester.«

»Sie wird sich an ihren Papa und ihre Mama kuscheln müssen, wenn es kalt wird«, sagte Mama lächelnd.

»Ich weiß noch, als Kirsti zwischen dir und Papa schlief. Eigentlich sollte sie in ihrem eigenen Bett bleiben, aber mitten in der Nacht ist sie rausgeklettert und hat sich zu euch geschlichen«, sagte Annemarie und strich dabei die Kissen glatt. Sie hielt plötzlich inne und warf ihrer Mutter einen raschen Blick zu, aus Angst, etwas Falsches gesagt zu haben, etwas Falsches, das den Schmerz in ihrem Gesicht wieder aufflackern lassen würde. Damals, als Kirsti bei Mama und Papa geschlafen hatte, hatten Annemarie und Lise sich dieses Bett geteilt.

Doch Mama lachte still. »Daran erinnere ich mich auch«, sagte sie. »Manchmal hat sie mitten in der Nacht ins Bett gemacht.«

»Hab ich nicht!«, rief Kirsti hochnäsig von der Schlafzimmertür her. »Das hab ich nie, *niemals* getan!«

Noch immer lachend, kniete Mama nieder und gab Kirsti einen Kuß auf die Wange. »Zeit für die Schule, Mädchen«, sagte sie. Sie knöpfte Kirstis Jacke zu. »O je«, sagte sie plötzlich. »Sieh nur, dieser Knopf ist entzweigebrochen. Annemarie, geh doch nach der Schule mit Kirsti beim Laden von Frau Hirsch vorbei, die verkauft Zwirn und Knöpfe. Probier mal, ob du einen einzelnen kaufen kannst, der zu den anderen passt. Ich gebe dir ein paar Kronen mit – er wird nicht allzu teuer sein.«

Doch als die Mädchen nach der Schule bei dem Laden ankamen, den es schon gab, seit sie sich erinnern konnten, fanden sie ihn geschlossen. Ein neues Schloss war an der Tür angebracht und darüber ein Schild. Doch auf dem Schild war in Deutsch geschrieben, sie konnten die Worte nicht lesen.

»Ich frage mich, ob Frau Hirsch krank ist«, sagte Annemarie, als sie den Laden hinter sich ließen.

»Am Samstag habe ich sie noch gesehen«, sagte Ellen. »Sie, ihren Mann und ihren Sohn. Sie sahen alle ganz normal aus. Das heißt, die Eltern sahen normal aus – der Sohn war schon immer ein Schreckgespenst.«

Annemarie zog ein Gesicht. Die Familie Hirsch lebte in der Nachbarschaft, den Sohn, Samuel, hatte sie oft gesehen. Er war ein hoch geschossener Junge mit Brille, hängenden Schultern und unzähmbarem Haar. Er fuhr auf einem Fahrrad zur Schule, nach vorn gebeugt und blinzelnd, die Nase immer ein bisschen kraus gezogen, um die Brille an ihrem Platz zu halten. Sein Fahrrad hatte Räder aus Holz, jetzt, da Reifen aus Gummi nicht mehr aufzutreiben waren, und es knarrte und krachte, wenn er damit über die Straße fuhr.

»Ich glaube, die Hirschs sind in Urlaub ans Meer gefahren«, verkündete Kirsti.

»Aber sicher. Und sie haben einen großen Korb voller Topfkuchen mit rosa Zuckerguss mitgenommen«, erwiderte Annemarie sarkastisch.

»Ja, genau das haben sie getan«, gab Kirsti zurück.

Annemarie und Ellen tauschten einen Blick, der besagte: Kirsti ist so *dumm*. Seit Beginn des Krieges hatte kein Kopenhagener mehr Urlaub an der See gemacht. Es gab keine Topfkuchen mit rosa Zuckerguss, seit Monaten nicht mehr.

Dennoch, überlegte Annemarie, mit einem letzten Blick auf das Geschäft, bevor sie um die Ecke bogen, wo war Frau Hirsch? Irgendwohin *musste* die Familie Hirsch verschwunden sein, warum wäre sonst der Laden geschlossen?

Mama wirkte besorgt, als sie die Neuigkeiten erfuhr. »Seid ihr sicher?«, fragte sie immer wieder.

»Wir werden irgendwo anders einen Knopf auftreiben«, versicherte ihr Annemarie. »Oder wir nehmen einen vom unteren Jackenrand und versetzen ihn nach oben. Das merkt man kaum.«

Doch es schien nicht die Jacke zu sein, um die ihre Mutter sich sorgte. »Seid ihr sicher, dass das Schild deutsch beschrieben war?«, fragte sie. »Vielleicht habt ihr nicht genau hingesehen.«

»Mama, da war sogar ein Hakenkreuz drauf.«

Ihre Mutter wandte sich ab, den Blick in die Ferne gerichtet. »Annemarie, pass für einen Moment auf deine Schwester auf. Und fang schon mal damit an, die Kartoffeln fürs Abendessen zu schälen. Ich bin gleich wieder zurück.«

»Wohin willst du?«, fragte Annemarie, als ihre Mutter auf die Tür zuging.

»Ich muss mit Frau Rosen sprechen.«

Verwirrt sah Annemarie ihrer Mutter nach, als sie die Wohnung verließ. Sie ging in die Küche und öffnete den Schrank, in dem sich die Kartoffeln befanden. Es schien so, als gäbe es mittlerweile beinahe jeden Abend Kartoffeln. Und kaum etwas anderes.

Annemarie war schon fast eingeschlafen, als ein leises Klopfen an der Zimmertür erklang. Kerzenlicht füllte die sich öffnende Tür und ihre Mutter trat ein.
»Annemarie, schläfst du?«
»Nein. Warum, was ist denn? Ist was passiert?«
»Es ist alles in Ordnung. Aber ich möchte, dass du aufstehst und ins Wohnzimmer kommst. Peter ist da. Papa und ich möchten mit dir sprechen.«
Kirsti brummte im Schlaf, als Annemarie aus dem Bett sprang. Peter! Seit langem hatte sie ihn nicht mehr gesehen. Es war etwas Beängstigendes daran, dass er mitten in der Nacht auftauchte. Kopenhagen unterlag der Sperrstunde, niemandem war es erlaubt, sich nach acht Uhr auf den Straßen aufzuhalten. Sie wusste, dass es sehr gefährlich für Peter war, sie um diese Zeit aufzusuchen. Aber es freute sie maßlos, dass er da war. Obwohl es nur kurze Besuche waren – die immer etwas von einem Geheimnis an sich hatten, das sie nicht benennen konnte –, war es eine Wonne, Peter zu sehen. Es weckte Erinnerungen an bessere Zeiten. Und ihre

Eltern liebten Peter ebenfalls. Sie sagten, er sei für sie wie ein Sohn.

Barfuß schoss sie hinaus ins Wohnzimmer und warf sich in Peters Arme. Er grinste, küsste sie auf die Wange und zerzauste ihr Haar.

»Du bist schon wieder gewachsen seit dem letzten Mal«, rief er. »Du bestehst ja nur noch aus Beinen!«

Annemarie lachte. »Letzten Freitag habe ich das Rennen der Mädchen gewonnen«, verkündete sie ihm stolz. »Wo hast du gesteckt? Wir haben dich vermisst!«

»Meine Arbeit nimmt mich völlig in Beschlag«, erklärte Peter. »Sieh mal, ich hab euch was mitgebracht. Eine davon ist für Kirsti.« Er griff in seine Hosentasche und holte zwei Muscheln daraus hervor.

Annemarie legte die kleinere der beiden Muscheln auf den Tisch, um sie für ihre Schwester aufzuheben. Die andere hielt sie ins Licht, so dass die raue, perlmuttschimmernde Oberfläche glänzte. Es war so typisch für Peter, genau das richtige Geschenk mitzubringen.

»Für deine Mama und deinen Papa habe ich etwas... Praktischeres dabei. Zwei Flaschen Bier!«

Mama und Papa lächelten und hoben die Gläser.

Papa nahm einen Schluck und wischte sich den Schaum von der Oberlippe. Dann wurde sein Gesicht wieder ernst.

»Annemarie«, sagte er, »Peter hat uns erzählt, die Deutschen hätten den Befehl erlassen, viele von Juden geführte Geschäfte zu schließen.«

»Juden?«, wiederholte Annemarie. »Ist Frau Hirsch Jüdin? Ist darum ihr Laden geschlossen? Warum haben sie das getan?«

Peter beugte sich zu ihr vor. »Um sie zu quälen. Aus irgendeinem Grund wollen sie das jüdische Volk quälen. In anderen Ländern haben sie das auch schon getan. Hier haben sie sich und uns etwas Zeit gelassen. Aber es sieht so aus, als ginge es jetzt los.«

»Aber warum das Knopfgeschäft? Was kann einem ein Knopfgeschäft schon antun? Frau Hirsch ist so eine nette Frau. Und Samuel – er ist ein Trottel, aber er würde niemandem etwas tun. Wie denn auch – er sieht ja nicht mal richtig durch seine dicke Brille.«

Dann fiel Annemarie etwas anderes ein. »Wenn sie keine Knöpfe mehr verkaufen können, wovon sollen sie dann leben?«

»Freunde werden sich um sie kümmern«, sagte Mama sanft. »Dafür sind Freunde da.«

Annemarie nickte. Natürlich hatte Mama recht.

Freunde und Nachbarn würden die Hirschs besuchen, würden ihnen Fisch und Kartoffeln und Brot mitbringen, und Kräuter, um davon Tee zu kochen. Vielleicht würde Peter ihnen sogar Bier bringen. Es würde ihnen gut gehen, bis sie die Erlaubnis erhielten, ihr Geschäft wieder zu öffnen.

Plötzlich saß sie kerzengerade, die Augen weit geöffnet. »Mama, Papa!«, rief sie. »Die Rosens sind doch auch Juden!«

Ihre Eltern nickten, die Gesichter ernst und angespannt. »Ich habe heute Nachmittag mit Sophie Rosen geredet, nachdem du mir erzählt hattest, dass der Knopfladen geschlossen ist«, sagte Mama. »Sie weiß, was da vor sich geht. Aber sie glaubt nicht, dass es sie selbst treffen wird.«

Annemarie dachte nach und verstand. Sie entspannte sich. »Herr Rosen hat kein Geschäft, er ist Lehrer. Sie können ja nicht eine ganze Schule schließen.« Sie sah Peter an, die Frage stand ihr ins Gesicht geschrieben. »Oder?«

»Ich glaube, die Rosens haben nichts zu befürchten«, sagte er. »Trotzdem solltest du auf deine Freundin Ellen aufpassen. Und haltet euch von den Soldaten fern. Deine Mutter hat mir erzählt, was auf der Østerbrogade passiert ist.«

Annemarie zuckte die Achseln. Sie hatte den Vorfall schon beinahe vergessen. »Da war doch nichts.

Ich glaube, die haben sich nur gelangweilt und haben jemanden gesucht, mit dem sie sich unterhalten konnten.«

Sie wandte sich ihrem Vater zu. »Papa, erinnerst du dich an das, was der kleine Junge dem Soldaten gesagt hat? Dass ganz Dänemark die Leibwache König Christians wäre?«

Ihr Vater lächelte. »Das habe ich nie vergessen«, sagte er.

»Also«, sagte Annemarie langsam, »dann finde ich, ganz Dänemark sollte nun auch Leibwächter für die Juden sein.«

»So wird es sein«, erwiderte ihr Vater.

Peter stand auf. »Ich muss los«, sagte er. »Und du, Fräulein Langbein, gehörst sowieso längst ins Bett.« Er umarmte Annemarie noch einmal.

Später, als sie wieder im Bett lag, neben dem warmen, eingeigelten Körper ihrer Schwester, fiel Annemarie ein, wie ihr Vater vor drei Jahren gesagt hatte, dass er sein Leben geben würde, um den König zu beschützen. Dass ihre Mutter dies ebenfalls gesagt hatte. Und dass sie selbst, damals sieben Jahre alt, stolz verkündet hatte, auch sie sei dazu bereit.

Jetzt war sie zehn Jahre alt, hatte lange Beine und glaubte nicht mehr an Topfkuchen mit rosa Zuckerguss. Und jetzt sollte sie – und mit ihr alle

Dänen – Leibwache sein für Ellen, für Ellens Eltern und für alle dänischen Juden.
Würde sie ihr Leben geben, um sie zu beschützen? *Wirklich*? Allein, in der Dunkelheit, war Annemarie ehrlich genug, sich selbst einzugestehen, dass sie sich dessen nicht sicher war.
Für einen Augenblick verspürte sie Angst. Doch dann zog sie die Decke dichter an den Hals und beruhigte sich wieder. All das fand nur in ihrer Einbildung statt, nichts davon war wirklich. Nur in Märchen wurde von Menschen erwartet, tapfer zu sein und ihr Leben für andere Menschen zu opfern, aber nicht im alltäglichen Dänemark. Oh, natürlich gab es da die Soldaten, die waren wirklich. Und die mutigen Führer der Widerstandsbewegung, von denen manche ihr Leben verloren; auch sie waren wirklich.
Aber ganz normale Leute wie die Rosens und die Johansens? Zusammengekuschelt in der stillen Dunkelheit, gestand Annemarie sich ein, dass sie froh war, ein ganz gewöhnlicher Mensch zu sein, der nie gezwungen sein würde, seinen Mut unter Beweis zu stellen.

Das wird eine lange Nacht

Mama war mit Kirsti zum Einkaufen gegangen. Annemarie und Ellen hielten sich allein im Wohnzimmer auf, wo sie auf dem Boden lagen und mit Papierpüppchen spielten. Die Puppen hatten sie aus Mamas Magazinen ausgeschnitten, alte Hefte, die Mama in den vergangenen Jahren aufbewahrt hatte. Die feinen Damen aus Papier trugen altmodische Frisuren und Kleider und die Mädchen hatten sie nach Heldinnen aus Mamas Lieblingsbuch benannt. Mama hatte Annemarie und Ellen die ganze Geschichte von *Vom Winde verweht* nacherzählt und die Mädchen fanden sie wesentlich romantischer und aufregender als die Geschichten von Königen und Königinnen, die Kirsti so liebte.

»Komm, Melanie«, sagte Annemarie und lenkte ihre Puppe am Rand des Teppichläufers entlang. »Lass uns uns für den Ball ankleiden.«

»Natürlich, Scarlett, ich komme«, gab Ellen mit

gespielter Vornehmheit in der Stimme zurück. Sie war eine begabte Schauspielerin, bei den meisten Aufführungen in der Schule spielte sie die Hauptrolle. Sich gemeinsam mit Ellen Spiele auszudenken bedeutete immer großen Spaß.

Die Tür flog auf und Kirsti stampfte ins Zimmer, das glühend rote Gesicht tränenverschmiert. Mama folgte ihr mit aufgebrachtem Blick und stellte ein Päckchen auf den Tisch.

»Niemals!«, schnaubte Kirsti. »Die ziehe ich niemals, *niemals* an! Auch nicht, wenn du mich einsperrst und mit einem Stock verhaust!«

Annemarie kicherte und sah ihre Mutter fragend an. Frau Johansen seufzte. »Ich habe Kirsti neue Schuhe gekauft«, erklärte sie. »Aus ihren alten ist sie herausgewachsen.«

»Meine Güte, Kirsti«, sagte Ellen. »Ich wünschte, meine Mutter würde *mir* neue Schuhe kaufen. Ich mag neue Sachen und es ist so schwer, etwas in den Geschäften zu finden.«

»Nicht, wenn du in ein *Fischgeschäft* gehst«, jaulte Kirsti. »Aber die meisten Mütter würden ihre Kinder nicht dazu zwingen, hässliche Schuhe aus *Fischen* anzuziehen.«

»Kirsten«, sagte Mama besänftigend, »du weißt, dass es kein Fischgeschäft war. Und wir hatten Glück, überhaupt Schuhe zu finden.«

Kirsti schniefte. »Zeig sie ihnen«, befahl sie. »Zeig Annemarie und Ellen, wie hässlich sie sind.«
Mama öffnete das Päckchen und holte ein Paar kleiner Mädchenschuhe daraus hervor. Sie hob sie hoch und Kirsti sah angewidert zur Seite.
»Du weißt doch, dass es kein Leder mehr gibt«, erklärte Mama. »Aber man hat eine Methode entwickelt, um Schuhe aus Fischhaut herzustellen. Ich finde sie nicht besonders hässlich.«
Die Mädchen sahen sich die Schuhe aus Fischhaut an. Annemarie nahm einen von ihnen in die Hand und untersuchte ihn. Er sah merkwürdig aus; man erkannte das Schuppenmuster des Fisches. Aber es war ein Schuh und ihre Schwester brauchte Schuhe.
»Ist doch gar nicht so schlecht, Kirsti«, log sie ein wenig.
Ellen musterte den anderen Schuh. »Weißt du«, sagte sie, »eigentlich ist nur die Farbe schrecklich.«
»Grün!«, heulte Kirsti auf. »Niemals, *niemals* trage ich grüne Schuhe!«
»Mein Vater hat ein Fässchen tiefschwarzer Tinte«, sagte Ellen. »Würden dir die Schuhe besser gefallen, wenn sie schwarz wären?«
Kirsti runzelte die Stirn. »Vielleicht«, sagte sie endlich.

»Na gut«, sagte Ellen. »Dann werde ich, wenn es deiner Mutter recht ist, die Schuhe heute Abend mitnehmen und meinen Vater darum bitten, sie für dich mit Tinte schwarz zu färben.«
Mama lachte. »Das wäre eine eindeutige Verbesserung. Was hältst du davon, Kirsti?«
Kirsti überlegte. »Kann er sie zum Glänzen bringen?«, fragte sie. »Ich möchte, dass sie glänzen.«
Ellen nickte. »Ich glaube, das geht. Ich glaube, sie sähen ziemlich hübsch aus, schwarz und glänzend.«
Kirsti nickte. »Also gut«, sagte sie. »Aber du darfst niemandem erzählen, dass sie aus *Fisch* sind. Ich will nicht, dass das jemand weiß.« Sie nahm ihre neuen Schuhe, hob sie verächtlich hoch und stellte sie auf einen Stuhl. Dann musterte sie interessiert die Puppen aus Papier.
»Darf ich mitspielen?«, fragte sie. »Kann ich eine von den Puppen haben?« Sie hockte sich neben Annemarie und Ellen auf den Boden.
Manchmal, dachte Annemarie, war Kirsti schlimmer als die Pest, wenn sie sich jedem aufdrängte. Doch die Wohnung war klein. Es gab für Kirsti keinen anderen Platz zum Spielen. Und wenn sie ihr befahlen zu verschwinden, würde Mama schimpfen.
»Hier«, sagte Annemarie und gab ihrer Schwester

eine ausgeschnittene Puppe, die ein kleines Mädchen darstellte. »Wir spielen *Vom Winde verweht.* Melanie und Scarlett gehen zu einem Ball. Du kannst Bonnie sein, Scarletts Tochter.«
Glücklich ließ Kirsti ihre Puppe auf und ab tanzen. »Ich gehe zu einem Ball!«, rief sie mit hoher, verstellter Stimme.
Ellen kicherte. »Ein kleines Mädchen würde niemals zu einem Ball mitgenommen werden. Lass uns alle woanders hingehen. Ins Tivoli!«
»Ins Tivoli!« Annemarie brach in Lachen aus. »Das ist in Kopenhagen! *Vom Winde verweht* spielt in Amerika!«
»Tivoli, Tivoli, Tivoli«, sang Kirsti und ließ ihre Puppe dazu im Kreis herumwirbeln.
»Ist doch egal, es ist doch nur ein Spiel«, warf Ellen ein. »Das Tivoli kann da drüben sein, bei diesem Stuhl. ›Komm, Scarlett‹«, sagte sie, »›wir gehen zum Tanzen ins Tivoli und wir werden uns das Feuerwerk ansehen, und vielleicht gibt es da sogar ein paar gut aussehende Männer! Nimm deine blöde Tochter Bonnie mit, damit sie Karussell fahren kann.‹«
Annemarie grinste und führte ihre Scarlett auf den Stuhl zu, den Ellen zum Tivoli erklärt hatte. Sie liebte das Tivoli, das sich im Herzen Kopenhagens befand; als sie ein kleines Mädchen war, hatten ihre

Eltern sie oft dorthin mitgenommen. Sie erinnerte sich an die Musik und an die glänzenden bunten Lichter, an das Karussell und die Eiskrem und ganz besonders an die prachtvollen, allabendlichen Feuerwerke: die gewaltigen Farbexplosionen und das sprühende Licht am Nachthimmel.

»Am besten erinnere ich mich an die Feuerwerke«, sagte sie zu Ellen.

»Ich mich auch«, sagte Kirsti.

»Dumme Nuss«, schnaubte Annemarie. »Du hast doch nie ein Feuerwerk gesehen!« Das Tivoli war längst geschlossen. Die deutschen Besatzungstruppen hatten einen Teil davon in Brand gesteckt, vielleicht, um die vergnügungsfreudigen Dänen damit zu bestrafen.

Kirsti erhob sich, die schmalen Schultern gestrafft. »Hab ich wohl«, sagte sie streitlustig. »An meinem Geburtstag. Ich bin mitten in der Nacht aufgewacht und habe die Donnerschläge gehört. Und am Himmel waren Lichter. Mama hat gesagt, es wäre ein Feuerwerk für meinen Geburtstag.«

Dann fiel es Annemarie ein. Kirstis Geburtstag lag im späten August. Und in jener Nacht, es war nur einen Monat her, da war auch sie vom Lärm der Explosionen geweckt und verängstigt worden. Kirsti hatte recht, im Südosten hatte tatsächlich der Himmel gebrannt und Mama hatte sie beruhigt, indem sie behauptete, es handele sich um ein Feuerwerk anlässlich ihres Geburtstages.

»Stellt euch das vor, solch ein Feuerwerk für ein fünfjähriges kleines Mädchen!«, hatte Mama gesagt, die bei ihnen auf dem Bett gesessen und die Vorhänge zur Seite gezogen hatte, um durch das Fenster den erleuchteten Himmel zu beobachten.

Am nächsten Tag hatten die Zeitungen die traurige Wahrheit verkündet. Die Dänen hatten ihre eigene Flotte vernichtet, Schiff um Schiff hatten sie gesprengt, als die Deutschen angerückt waren, um die Flotte für ihre eigenen Zwecke einzuspannen.

»Wie traurig der König sein muss«, hatte Annemarie Mama zu Papa sagen hören, als sie die Meldung gelesen hatten.

»Wie stolz!«, hatte Papa erwidert.

Auch Annemarie hatte es mit Traurigkeit und Stolz zugleich erfüllt, sich den hoch gewachsenen, alternden König vorzustellen, dessen blaue Augen sich mit Tränen gefüllt haben mochten, als er die Überbleibsel seiner kleinen Flotte sah, die nun, untergegangen und zerstört, im Hafen lag.

»Ich hab keine Lust mehr zu spielen, Ellen«, sagte sie plötzlich und legte ihre Papierpuppe auf den Tisch.

»Ich muss sowieso nach Hause«, sagte Ellen. »Ich muss Mama beim Saubermachen helfen. Am Donnerstag ist unser Neujahrstag. Habt ihr das gewusst?«
»Warum nur eurer?«, fragte Kirsti. »Warum nicht auch unserer?«
»Weil es der jüdische Neujahrstag ist, den gibt es nur für uns. Aber wenn du willst, Kirsti, kannst du abends vorbeikommen, wenn Mama die Kerzen anzündet.«
Es war nicht das erste Mal, daß Annemarie und Kirsti eingeladen wurden, um Frau Rosen am Freitagabend beim Anzünden der Sabbatkerzen zuzusehen. Sie verbarg dabei ihren Kopf unter einem Tuch und sagte ein besonderes Gebet in hebräischer Sprache auf. Stets sah Annemarie ihr dabei in stiller Andacht zu, selbst die ansonsten unablässig schwatzende Kirsti schwieg bei diesen Gelegenheiten. Sie verstanden beide weder die Worte noch deren Bedeutung, doch sie konnten spüren, dass es sich für die Rosens um einen ganz besonderen Anlass handelte.
»Ja«, stimmte Kirsti begeistert zu. »Ich komme und gucke zu, wie deine Mama die Kerzen ansteckt, und ich werde meine neuen schwarzen Schuhe tragen.«

Doch diesmal sollte alles anders sein. Als sie am frühen Donnerstagmorgen mit ihrer Schwester zur Schule ging, sah Annemarie die Rosens, angetan mit ihrer besten Kleidung, auf dem Weg zur Synagoge. Sie winkte Ellen zu, die erfreut zurückwinkte.

»Ellen hat es gut«, sagte Annemarie zu Kirsti. »Die muss heute nicht zur Schule.«

»Aber dafür muss sie bestimmt ganz, ganz still sitzen, so wie wir in der Kirche«, gab Kirsti zu bedenken. »Und *das* macht überhaupt keinen Spaß!«

Nachmittags klopfte Frau Rosen bei ihnen an, kam aber nicht herein. Statt dessen führte sie im Hausflur eine lange, ernsthafte Unterhaltung mit Annemaries Mutter. Als Mama zurück in die Wohnung kam, war ihr Gesicht besorgt, doch in ihrer Stimme lag Zuversicht.

»Mädchen«, sagte sie, »wir haben eine wunderbare Überraschung für euch. Ellen wird heute bei uns übernachten und auch für die nächsten Tage unser Gast sein! Es kommt nicht oft vor, dass wir Besuch haben.«

Kirsti klatschte begeistert in die Hände.

»Aber Mama«, rief Annemarie bestürzt, »es ist doch ihr Neujahrstag, den wollen sie zu Hause feiern! Ellen hat mir erzählt, ihrer Mutter wäre es gelungen, irgendwo ein Hühnchen aufzutreiben, das sie braten wollen – ihr erstes Hühnchen seit mehr als einem Jahr.«

»Ihre Pläne haben sich geändert«, gab Mama knapp zurück. »Herr und Frau Rosen müssen plötzlich Verwandte besuchen und Ellen wird währenddessen bei uns bleiben. Also, an die Arbeit! Du musst das Bett frisch beziehen, Annemarie. Kirsti, du darfst heute Nacht bei Mama und Papa schlafen, die großen Kichertanten lassen wir unter sich.«

Kirsti zog eine Schnute, es war offensichtlich, dass sie aufbegehren wollte. »Mama wird dir heute Abend ein Märchen erzählen«, sagte ihre Mutter. »Eines, das ganz allein für dich ist.«

»Über einen König?«, fragte Kirsti zweifelnd.

»Wenn du willst, dann über einen König«, antwortete Mama.

»Na gut. Aber es muss auch eine Königin drin vorkommen«, sagte Kirsti.

Obwohl Frau Rosen das Hühnchen den Johansens überlassen und Mama ein festliches Mahl davon zubereitet hatte, bei dem sogar jeder Nachschlag erhielt, wollte an diesem Abend weder Gelächter noch ein Gespräch aufkommen. Ellen schwieg während des Essens. Sie wirkte verängstigt. Mama und Papa versuchten, über fröhliche Themen zu sprechen, doch es war offensichtlich, dass auch sie bekümmert waren, und das versetzte schließlich auch Annemarie in Sorge. Nur Kirsti spürte die über dem Raum hängende gespannte Atmosphäre nicht. Sie schlenkerte mit den Füßen, die in ihren neuen, jetzt schwarz glänzenden Schuhen steckten, und dabei plapperte und kicherte sie ununterbrochen.

»Heute geht es früh ins Bett, Kleines«, verkündete Mama nach dem Abwasch. »Wir brauchen besonders viel Zeit für das lange Märchen über den König und die Königin, das ich dir versprochen habe.« Sie verschwand mit Kirsti ins Schlafzimmer.

»Was ist denn los?«, fragte Annemarie, als sie mit Papa und Ellen allein im Wohnzimmer war. »Irgendwas stimmt doch nicht. Was ist es?«

Papas Gesicht war voller Sorge. »Ich wünschte, ich könnte euch Kindern dieses Wissen ersparen«, sagte er ruhig.

»Ellen, du weißt es bereits. Jetzt müssen wir es Annemarie erzählen.«

Er wandte sich ihr zu und strich ihr mit seiner warmen Hand über das Haar. »Heute Morgen, in der Synagoge, hat der Rabbi der Gemeinde berichtet, dass die Nazis die Synagogenlisten mitgenommen haben. Sie enthalten die Namen aller Juden und

außerdem ihre Adressen. Natürlich stehen auch die Rosens auf der Liste, so wie alle anderen.«
»Warum? Warum wollten sie die Namen haben?«
»Weil sie planen, alle dänischen Juden einzusperren. Sie wollen sie fortschaffen. Und uns wurde mitgeteilt, dass sie vielleicht schon heute Nacht kommen.«
»Das verstehe ich nicht. Sie fortschaffen – wohin denn?«
Ihr Vater schüttelte den Kopf. »Wir wissen weder wohin noch aus welchem Grund. Sie nennen es ›Umsiedlung‹. Wir wissen nicht einmal, was das genau bedeuten soll. Wir wissen nur, dass es falsch ist, falsch und gefährlich. Und dass wir helfen müssen.«
Annemarie war wie betäubt. Sie sah zu Ellen und bemerkte, dass ihre beste Freundin leise weinte.
»Wo sind Ellens Eltern? Wir müssen auch ihnen helfen!«
»Wir konnten sie nicht alle drei aufnehmen. Falls die Deutschen kämen, um unsere Wohnung zu durchsuchen, würden sie das sofort bemerken. Wir können nur eine Person verstecken, nicht drei. Also hat Peter Ellens Eltern geholfen, anderswo unterzukommen. Wo das ist, wissen wir nicht. Auch Ellen weiß es nicht. Aber sie sind in Sicherheit.«
Ellen schluchzte laut auf und verbarg das Gesicht in

ihren Händen. Papa nahm sie in die Arme. »Sie sind in Sicherheit, Ellen. Das verspreche ich dir. Du wirst sie bald wiedersehen. Kannst du ganz fest versuchen, mir dieses Versprechen zu glauben?«
Ellen zögerte, nickte dann und wischte sich mit einer Hand über die Augen.
»Aber Papa«, sagte Annemarie und ließ den Blick über die kleine Wohnung mit den wenigen Möbeln schweifen, über das dicke, gepolsterte Sofa, den Tisch und die Stühle, das kleine Regal an der Wand. »Du sagst, wir würden sie hier verstecken. Aber wie sollen wir das machen? *Wo* kann sie sich verstecken?«
Papa lächelte. »Das ist der einfache Teil. Wir machen es so, wie deine Mutter es gesagt hat: Ihr zwei geht gemeinsam zu Bett, ihr werdet kichern und euch unterhalten und eure kleinen Geheimnisse austauschen. Und falls jemand kommt –«
Ellen fiel ihm ins Wort. »Wer sollte denn kommen? Soldaten? Wie die an der Straßenecke?« Annemarie erinnerte sich daran, wie verängstigt Ellen an dem Tag gewesen war, als der Soldat die Mädchen ausgefragt hatte.
»Eigentlich glaube ich kaum, dass das geschehen wird. Aber es schadet nicht, darauf vorbereitet zu sein. Wenn irgendjemand kommt, selbst wenn es Soldaten sind, seid ihr beide Schwestern. Ihr steckt

so oft zusammen, dass es euch nicht schwer fallen wird, das jemandem vorzuspielen.«

Er erhob sich und trat ans Fenster. Dort zog er den spitzenbesetzten Vorhang beiseite und sah auf die Straße hinab. Draußen wurde es bereits dunkel. Bald würden sie die schwarzen Gardinen schließen müssen, die alle Dänen hinter ihren Fenstern angebracht hatten; bei Nacht musste ganz Kopenhagen verdunkelt sein. In einem in der Nähe des Hauses stehenden Baum sang ein Vogel, sonst war alles still. Es war die letzte Septembernacht.

»Geht jetzt und zieht eure Nachthemden an. Das wird eine lange Nacht.«

Annemarie und Ellen standen auf. Plötzlich kam Papa durch den Raum auf sie zu und nahm sie beide in die Arme. Er küsste sie beide, Annemarie auf den blonden Schopf, der ihm bis zur Schulter reichte, Ellen auf das dunkle Haar, dessen Locken wie immer zu Zöpfen geflochten waren.

»Habt keine Angst«, sagte er sanft. »Ich hatte einmal drei Töchter. Heute nacht bin ich stolz darauf, wieder drei Töchter zu haben.«

Woher haben Sie die Dunkelhaarige?

»Glaubst du wirklich, dass jemand kommen wird?«, wandte Ellen sich nervös an Annemarie, als sie im Schlafzimmer waren.

»Nein, natürlich nicht. Die drohen doch ständig mit irgendwas. Es macht ihnen einfach Spaß, den Leuten Angst einzujagen.« Annemarie nahm ihr Nachthemd von dem Haken im Kleiderschrank.

»Na ja, falls sie kommen, dann kann ich wenigstens das Schauspielern üben. Ich tue dann einfach so, als wäre ich Lise. Ich wünschte nur, ich wäre etwas größer.« Ellen stellte sich auf die Zehenspitzen, um größer zu wirken. Sie musste über sich selbst lachen und ihre Stimme klang bereits entspannter.

»Letztes Jahr, als Schwarze Königin im Schultheater, warst du toll«, sagte Annemarie. »Du solltest später Schauspielerin werden.«

»Mein Vater möchte, dass ich Lehrerin werde. Er will, dass *jeder* Lehrer wird, so wie er. Aber vielleicht könnte ich ihn davon überzeugen, dass ich in einer Schauspielschule besser aufgehoben bin.« Ellen stand wieder auf den Zehenspitzen und hob mit herrischer Geste den Arm. »Ich bin die Schwarze Königin«, rezitierte sie dramatisch. »Gekommen bin ich, der Nacht zu befehlen!«

»Versuch's besser mit Lise Johansen«, grinste Annemarie. »Wenn du den Nazis erzählst, du wärst die Schwarze Königin, schicken sie dich in ein Irrenhaus.«

Ellen gab die schauspielerische Pose auf und setzte sich mit verschränkten Beinen auf das Bett. »Sie kommen doch nicht wirklich, oder?«, fragte sie erneut.

Annemarie schüttelte den Kopf. »Nicht in einer Million Jahren.« Sie griff nach ihrer Bürste.

Die Mädchen flüsterten, als sie zu Bett gingen, auch wenn zum Flüstern kein Anlass bestand. Schließlich sollten sie so tun, als seien sie ganz normale Schwestern, und Papa hatte gesagt, sie dürften kichern und sich unterhalten. Die Schlafzimmertür war geschlossen.

Doch irgendwie war diese Nacht anders als andere Nächte. Und so flüsterten sie.

»Wie ist deine Schwester gestorben, Annemarie?«, fragte Ellen plötzlich. »Ich weiß noch, wann es passiert ist. Und ich erinnere mich an die Beerdigung – es war das einzige Mal, dass ich in einer evangelisch-lutherischen Kirche war. Aber ich habe nie erfahren, was genau passiert ist.«

»*Genau* weiß ich es auch nicht«, gab Annemarie zu. »Lise und Peter waren irgendwohin ausgegangen und dann kam dieser Telefonanruf, dass es einen Unfall gegeben hätte. Mama und Papa stürzten ins Krankenhaus – weißt du noch, wie deine Mutter zu uns kam, um auf mich und Kirsti aufzupassen? Kirsti schlief schon und sie wachte auch nicht auf, sie hat alles verschlafen, sie war ja noch so klein. Aber ich blieb auf, ich war mit deiner Mutter im Wohnzimmer, als meine Eltern mitten in der Nacht nach Hause kamen. Und sie sagten mir, Lise sei gestorben.«

»Ich weiß noch, dass es regnete«, sagte Ellen traurig. »Auch am nächsten Morgen noch, als Mama mir alles erzählte. Sie weinte dabei und wegen des Regens kam es mir so vor, als würde die ganze *Welt* weinen.«

Annemarie hatte ihr langes Haar fertig gebürstet und reichte die Bürste ihrer besten Freundin. Ellen löste ihre Zöpfe, passte auf, dass die dunklen Haare sich nicht in ihrer Kette verfingen – eine Halskette, an der ein Davidstern hing –, und begann, die kräftigen Locken zu bürsten.

»Ich glaube, der Regen war sogar teilweise schuld

daran. Sie sagten, sie wäre von einem Auto überfahren worden. Wahrscheinlich waren die Straßen glitschig, es dämmerte schon und der Fahrer des Wagens konnte nicht richtig sehen«, erinnerte Annemarie sich weiter. »Papa sah so wütend aus! Er ballte eine Hand zur Faust und schlug sich damit ständig in die andere, offene Hand. Ich höre heute noch das Geräusch: Tschak, tschak, tschak!«
Gemeinsam krochen sie in das große Bett und deckten sich zu. Annemarie blies die Kerze aus und zog die dunklen Gardinen etwas zur Seite, um frische Luft durch das geöffnete Fenster strömen zu lassen. »Siehst du die blaue Truhe da drüben in der Ecke?«, fragte sie und zeigte in die Dunkelheit. »Da sind eine Menge von Lises Sachen drin. Sogar ihr Hochzeitskleid. Seit dem Tag, an dem Papa und Mama alles weggeräumt haben, haben sie sich Lises Sachen nicht mehr angesehen.«
Ellen seufzte. »Sie hätte so wunderschön ausgesehen in ihrem Hochzeitskleid. Und sie hatte so ein hübsches Lächeln. Manchmal hab ich mir vorgestellt, sie wäre auch meine Schwester.«
»Das hätte ihr bestimmt gefallen«, sagte Annemarie. »Sie hat dich sehr gemocht.«
»Es gibt nichts Schrecklicheres auf der Welt«, flüsterte Ellen, »als so jung zu sterben. Es wäre schlimm, wenn die Deutschen uns holen und fort-

schicken würden, damit wir anderswo leben. Aber das wäre längst nicht so schlimm, wie tot zu sein.«

Annemarie nahm sie in den Arm. »Sie holen dich nicht«, sagte sie. »Und deine Eltern auch nicht. Papa hat versprochen, dass sie in Sicherheit sind, und er hält seine Versprechen immer. Und du bist hier bei uns auch ziemlich sicher.«

Eine Weile flüsterten sie weiter in der Dunkelheit, doch in das Flüstern mischte sich Gähnen. Dann verstummte Ellen, sie drehte sich auf die Seite und kurz darauf hörte man ihr leises, ruhiges Atmen.

Annemarie betrachtete das Fenster, hinter dem sich der Himmel abzeichnete und gegen das ein plötzlicher Windstoß einen Zweig schlug. Alles war so vertraut, so beruhigend. Gefahren bildete man sich nur ein, sie waren nicht mehr als Geistergeschichten, die kleine Kinder einander erzählten, um sich gegenseitig Angst einzujagen: Dinge, die niemals wirklich geschehen konnten. Hier, in ihrem Zuhause, wo ihre Eltern nebenan schliefen, und an ihre beste Freundin gekuschelt, fühlte Annemarie sich völlig sicher. Sie gähnte zufrieden und schloss die Augen.

Stunden später, in tiefster Nacht, wurde sie plötzlich von einem lauten Hämmern an der Wohnungstür geweckt.

Vorsichtig öffnete Annemarie die Zimmertür, nur einen Spalt, und lugte hinaus. Hinter ihr saß Ellen aufrecht im Bett, die Augen weit aufgerissen.
Sie konnte Papa und Mama sehen, die sich, beide in ihren Nachthemden, durch den Flur bewegten. Mama hielt eine brennende Kerze in der Hand, doch im nächsten Moment sah Annemarie, wie sie zur Lampe ging und sie anknipste. Es war so lange her, dass sie gewagt hatten, nach Einbruch der Dunkelheit den streng rationierten Strom zu beanspruchen, dass Annemarie von dem hellen Licht regelrecht aufgeschreckt wurde. Sie sah ihre Mutter mit einem Blick überprüfen, ob die Verdunkelungsvorhänge ordnungsgemäß geschlossen waren.
Papa öffnete den Soldaten die Tür.
»Ist das die Wohnung der Johansens?« Eine tiefe Stimme stellte die Frage auf Dänisch, laut und mit einem schrecklichen Akzent.
»Unser Name steht an der Tür, und wie ich sehe, besitzen Sie eine Taschenlampe«, antwortete Papa. »Was wünschen Sie? Stimmt etwas nicht?«
»Wie ich höre, Frau Johansen, sind Sie eine Freundin Ihrer Nachbarin Frau Rosen«, sagte der Soldat verärgert.
»Das ist richtig, Sophie Rosen ist meine Freundin«, sagte Mama ruhig. »Würden Sie bitte etwas leiser sprechen? Meine Kinder schlafen.«

»Dann sind Sie vielleicht so freundlich und teilen mir mit, wo die Rosens sich zur Zeit aufhalten.« Er gab sich keine Mühe, die Stimme zu senken.

»Ich nehme an, dass sie zu Hause sind und schlafen. Schließlich ist es vier Uhr in der Frühe«, sagte Mama.

Annemarie hörte den Soldaten durch das Wohnzimmer in die Küche stapfen. Aus ihrem Versteck hinter der einen Spaltbreit geöffneten Tür sah sie den uniformierten, mit einer Pistole bewaffneten Mann im Kücheneingang stehen, wo er zur Spüle hinüberblinzelte.

Eine andere deutsche Stimme sagte: »Die Wohnung der Rosens ist leer. Und da haben wir uns gefragt, ob sie nicht ihre guten Freunde, die Johansens, besuchen.«

»Nun«, sagte Papa und kaum wahrnehmbar bewegte er sich so, daß er die Tür zu Annemaries Zimmer verstellte und sie nun nicht mehr als seinen Rücken sehen konnte, »wie Sie sehen, haben Sie sich getäuscht. Hier hält sich niemand auf, nur meine Familie.«

»Sie haben nichts dagegen, dass wir uns umsehen.« Die Stimme war barsch und sie hatte keine Frage gestellt.

»Wie es scheint, haben wir keine andere Wahl«, sagte Papa.

»Bitte, wecken Sie meine Kinder nicht auf«, bat Mama noch einmal. »Es besteht kein Anlass, die Kleinen zu verängstigen.«
Die schweren Stiefel bewegten sich erneut über den Boden, jetzt in das andere Schlafzimmer. Die Türen eines Kleiderschranks wurden geöffnet und mit einem lauten Knall wieder zugeschlagen.
Annemarie zog leise die Tür zu und stolperte durch die Dunkelheit zurück zum Bett.
»Ellen«, flüsterte sie drängend, »nimm sofort deine Halskette ab!«
Ellens Hände flogen an ihren Hals. Verzweifelt versuchte sie, den kleinen Haken aus der Öse zu lösen. Hinter der Tür dröhnten noch immer die Stimmen und die schweren Schritte.
»Sie geht nicht auf!«, keuchte Ellen. »Ich hab sie noch nie abgenommen – ich weiß gar nicht mehr, *wie* man sie aufkriegt!«
Annemarie hörte eine Stimme, unmittelbar hinter der Tür. »Wer ist da drin?«
»Pssst!«, gab ihre Mutter zurück. »Das ist das Zimmer meiner Töchter. Sie schlafen.«
»Stillhalten!«, befahl Annemarie. »Das wird wehtun.« Sie griff nach der goldenen Kette, zog mit aller Kraft daran und zerriss sie. Als die Tür aufflog und Licht in das Zimmer flutete, schloss sie die Finger um die Kette und verbarg sie in der Faust.

Erschrocken sahen die beiden Mädchen zu den Nazioffizieren auf, die das Zimmer betreten hatten.
Einer der Männer ließ den Strahl einer Taschenlampe durch den Raum gleiten. Er ging zum Kleiderschrank und öffnete ihn. Mit einem Ruck seiner Hand wischte er mehrere darin aufgehängte Jacken und einen Bademantel zu Boden.
Sonst befand sich nichts in dem Zimmer, mit Ausnahme einer Kommode, der verzierten blauen Truhe in der Ecke und einer Anzahl von Kirstis Puppen, die übereinander geworfen im Schaukelstuhl lagen. Der Lichtstrahl der Taschenlampe huschte über all diese Dinge hinweg. Verärgert wandte der Offizier sich dem Bett zu.
»Aufstehen!«, befahl er. »Rauskommen!«
Zitternd stiegen die Mädchen aus dem Bett und folgten ihm, an den beiden anderen Offizieren vorbei, ins Wohnzimmer.
Annemarie sah sich um. Die drei Männer in Uniform sahen anders aus als die Soldaten an den Straßenecken, die meist jünger waren und sich manchmal in ihrer Haut nicht wohl zu fühlen schienen. Annemarie dachte daran, wie die Giraffe für einen Moment ihre abweisende Haltung aufgegeben und Kirsti zugelächelt hatte.
Doch diese Männer hier waren älter und in ihren Gesichtern spiegelte sich Zorn.

Ihre Eltern standen mit angespannten Mienen Seite an Seite, nur von Kirsti war nichts zu sehen. Gott sei Dank hatte Kirsti einen tiefen Schlaf. Wäre sie geweckt worden, würde sie jetzt herummaulen – oder, schlimmer noch, sie würde, wütend und mit geballten Fäusten, auf die Männer losgehen.

»Eure Namen?«, bellte der Offizier.

»Annemarie Johansen. Und das ist meine Schwester –«

»Ruhe! Sie kann selber reden, oder? Dein Name?« Er funkelte Ellen an.

Ellen schluckte. »Lise«, sagte sie und räusperte sich. »Lise Johansen.«

Der Offizier starrte sie grimmig an.

»Nun«, sagte Mama mit fester Stimme, »wie Sie gesehen haben, verstecken wir hier niemanden. Dürfen die Kinder jetzt wieder zu Bett gehen?«

Der Offizier schenkte ihr keine Beachtung. Plötzlich griff er mit einer Hand in Ellens Haar. Ellen zuckte zusammen.

Er lachte verächtlich. »Sie haben ein blondes Kind, das nebenan schläft. Und Sie haben diese blonde Tochter –« Er machte eine Kopfbewegung in Annemaries Richtung. »Woher haben Sie die Dunkelhaarige?« Er zog an einer von Ellens Locken. »Von einem anderen Vater? Dem Milchmann vielleicht?«

Papa trat einen Schritt nach vorn. »Unterstehen Sie sich, in diesem Ton mit meiner Frau zu sprechen! Und lassen Sie sofort meine Tochter los, sonst werde ich mich über Ihr Verhalten beschweren.«

»Oder vielleicht gehört sie gar nicht Ihnen«, fuhr der Offizier mit einem höhnischen Grinsen fort. »Sondern den Rosens?«

Einen Augenblick lang fiel kein Wort. Dann beobachtete die entsetzte Annemarie, wie ihr Vater rasch zu dem kleinen Bücherregal ging und ein Buch herausnahm. Sie sah, dass er das Photoalbum der Familie in den Händen hielt. In Windeseile blätterte er die Seiten um, fand, wonach er suchte, und riss drei Photographien heraus.

Er reichte sie dem deutschen Offizier, der Ellens Haar losließ.

»Was Sie hier sehen, sind meine drei Töchter. Jedes Photo trägt den dazugehörigen Namen«, sagte Papa.

Annemarie wusste sofort, welche Photographien er ausgewählt hatte. Das Album enthielt viele Schnappschüsse – all die unscharfen Bilder von Schulveranstaltungen und Kindergeburtstagen. Doch es enthielt auch die von einem Photographen aufgenommenen Porträts von jedem der Mädchen als Kleinkind. Mama hatte in ihrer zierlichen

Handschrift den Namen jedes der Mädchen auf den unteren Bildrand geschrieben.

Ein eisig kaltes Gefühl überkam sie, als ihr bewusst wurde, warum Papa die Photos aus dem Album herausgerissen hatte. Auf jeder Seite stand unter den Photographien das dazugehörige Datum. Und die echte Lise Johansen war vor einundzwanzig Jahren geboren worden.

»Kirsten Elisabeth«, las der Offizier mit einem Blick auf das Photo, das Kirsti zeigte. Er ließ das Photo achtlos zu Boden fallen.

»Annemarie«, las er dann, musterte sie und ließ auch das zweite Photo fallen.

»Lise Margarete«, sagte er schließlich und starrte Ellen für einen langen, unbewegten Moment an.

Im Geiste sah Annemarie das Photo vor sich, das er in den Händen hielt: das großäugige, gegen ein Kissen sitzende Baby. Der silberne Zahnbeißring zwischen den kleinen Fingern, die nackten Füßchen, die gerade so unter dem bestickten Kleid hervorschauten. Die feinen Locken. Schwarz.

Der Offizier zerriss das Photo und ließ die Fetzen zu Boden fallen. Dann machte er auf dem Absatz kehrt, ließ die Sohlen seiner Stiefel über die Photos schrammen und verließ die Wohnung. Die beiden anderen Offiziere folgten ihm ohne ein Wort. Papa trat nach vorn und schloss die Tür hinter ihnen.

Annemarie entspannte die verkrampften Finger ihrer rechten Hand, die noch immer Ellens Halskette umklammerte. Als sie nach unten blickte, sah sie, dass sich ein Abdruck des Davidsterns in ihre Handfläche gepresst hatte.

Kann man bei diesem Wetter fischen?

»Wir müssen uns überlegen, was jetzt zu tun ist«, sagte Papa. »Wahrscheinlich haben sie Verdacht geschöpft. Ehrlich gesagt hatte ich damit gerechnet, sie würden sich – wenn sie überhaupt kommen – nur flüchtig umsehen, sich davon überzeugen, dass wir niemanden versteckt halten und dann wieder verschwinden.«

»Es tut mir Leid, dass ich schwarze Haare habe«, murmelte Ellen. »Das hat sie misstrauisch werden lassen.«

Mama ergriff rasch ihre Hand. »Du hast wunderschönes Haar, Ellen, genau wie deine Mutter«, sagte sie. »Das darf dir niemals Leid tun! Haben wir nicht Glück gehabt, dass Papa die Photos so schnell fand? Und dass Lise als Baby schwarze Haare hatte? Sie wurden erst später blond, als sie ungefähr zwei Jahre alt war.«

»Und dazwischen«, fügte Papa hinzu, »hatte sie für kurze Zeit eine Glatze.«

Ellen und Annemarie lächelten zaghaft. Einen Augenblick lang war ihre Angst gemildert.
Heute Nacht, so wurde Annemarie plötzlich klar, war das erste Mal, daß Papa und Mama von Lise gesprochen hatten. Das erste Mal seit drei Jahren.
Draußen begann sich der Himmel hell zu färben. Frau Johansen ging in die Küche und kochte Tee.
»So früh war ich noch nie auf«, sagte Annemarie. »Ellen und ich werden heute bestimmt in der Schule einschlafen.«
Papa rieb sich das Kinn und überlegte. »Ich finde, wir sollten das Risiko nicht eingehen, dich heute zur Schule zu schicken«, sagte er. »Es kann sein, dass sie heute die Schulen nach jüdischen Kindern durchsuchen.«
»Nicht in die Schule gehen?«, rief Ellen überrascht. »Aber meine Eltern sagen immer, die Ausbildung sei das Wichtigste im Leben. Was auch passiert, ich müsse eine Ausbildung bekommen.«
»Betrachte es als kurze Ferien, Ellen. Im Moment hat deine Sicherheit absoluten Vorrang. Deine Eltern würden mir bestimmt zustimmen. Inge?«, rief Papa in die Küche und Mama trat mit einem fragenden Gesicht in den Flur, eine Tasse Tee in der Hand.
»Ja?«

»Wir müssen die Mädchen zu Henrik bringen. Du weißt doch, was Peter uns erzählt hat. Ich denke, heute ist der Tag, an dem wir deinen Bruder aufsuchen sollten.«

Frau Johansen nickte. »Ich glaube, du hast Recht. Aber ich werde sie allein hinbringen. Du musst hierbleiben.«

»Hierbleiben und euch allein gehen lassen? Auf keinen Fall! Ich werde euch eine so gefährliche Reise doch nicht allein antreten lassen.«

Mama legte eine Hand auf Papas Arm. »Wenn nur ich und die Mädchen gehen, sind wir sicherer. Eine Frau mit drei Mädchen werden sie nicht so schnell verdächtigen. Aber wenn sie uns beobachten – wenn sie sehen, dass wir alle zusammen die Wohnung verlassen und du nicht zur Arbeit gehst? Dann wissen sie sofort, was los ist, dann wird es gefährlich! Ich habe keine Angst davor, allein zu gehen.«

Es kam fast nie vor, dass Mama Papa widersprach. Annemarie beobachtete sein Gesicht und merkte, wie sehr er mit einer Entscheidung kämpfte. Schließlich nickte er zögernd.

»Ich werde einige Sachen packen«, sagte Mama. »Wie spät ist es?«

Papa sah auf die Uhr. »Gleich fünf«, sagte er.

»Dann wird Henrik noch zu Hause sein. Er geht

erst gegen fünf. Warum rufst du ihn nicht kurz an?«

Papa ging ans Telefon. Ellen schaute verwirrt drein. »Wer ist Henrik? Und wo geht er hin, um fünf Uhr morgens?«, fragte sie.

Annemarie lachte. »Er ist mein Onkel – der Bruder meiner Mutter. Und er ist Fischer. Alle Fischer ziehen morgens sehr früh los, ihre Boote verlassen den Hafen bei Sonnenaufgang.«

»Ellen, es wird dir dort gefallen!«, fuhr sie fort. »Meine Großeltern haben dort gelebt, Mama und Onkel Henrik sind dort aufgewachsen. Es ist herrlich – direkt an der See! Du kannst dich an den Rand der Wiese stellen und rüber nach Schweden gucken.«

Sie lauschte, als Papa am Telefon Onkel Henrik erzählte, Mama und die Kinder würden ihn besuchen kommen. Ellen ging ins Badezimmer und schloss die Tür, Mama war in der Küche. Nur Annemarie verfolgte das Gespräch.

Es war eine höchst merkwürdige Unterhaltung.

»Wie sieht es aus, Henrik, kann man bei diesem Wetter fischen?«, fragte Papa fröhlich. Er lauschte kurz und fuhr dann fort: »Ich schicke dir heute Inge und die Kinder vorbei, sie wird dir eine Stange Zigaretten mitbringen.«

»Ja, nur eine«, sagte er nach einer Weile. Annemarie konnte nicht verstehen, was Onkel Henrik erwiderte. »Aber zur Zeit sind Zigaretten in Kopenhagen keine Mangelware, wenn man weiß, wo man sie finden kann«, sprach Papa weiter. »Ich bin also ganz sicher, dass du noch mehr bekommen wirst.«

Das konnte nicht stimmen. Annemarie war sicher, dass es nicht stimmte. Papa vermisste Zigaretten genauso, wie Mama Kaffee vermisste. Er beschwerte sich oft darüber – erst gestern hatte er sich beschwert –, dass in den Geschäften keine Zigaretten aufzutreiben waren. Seine Mitarbeiter im Büro, hatte er gefeixt, würden praktisch *alles* rauchen, manchmal sogar getrocknetes, in Papier eingerolltes Gras, das schrecklich stank.

Warum redete Papa so komisch, beinahe so, als würde er einen Code benutzen? Was war es, das Mama Onkel Henrik *wirklich* mitbringen würde?

Und dann wusste sie es. Es war Ellen.

Die Zugfahrt entlang der dänischen Küste war wundervoll. Immer wieder konnte man hinter den Fenstern das Meer aufblitzen sehen. Annemarie hatte diese Reise schon oft unternommen, zu ihren Großeltern, als diese noch lebten, und später, als sie gestorben waren, um ihren fröhlichen, sonnengebräunten, unverheirateten Onkel zu besuchen, den sie über alles liebte.

Doch für Ellen, die ihre Nase am Fenster platt drückte und die hübschen, an der Küste aufgereihten Häuschen bewunderte, war diese Reise neu.

»Sieh mal!«, rief Annemarie und zeigte zur gegenüberliegenden Seite. »Das ist Klampenborg und das da der Wildpark! Oh, ich wünschte, wir könnten hier aussteigen, nur ganz kurz!«

Mama schüttelte den Kopf. »Heute nicht«, sagte sie. Es gab einen kurzen Halt an einem kleinen Bahnhof in Klampenborg, doch keiner der Reisenden verließ den Zug. »Bist du jemals hier gewesen, Ellen?«, fragte Mama, doch Ellen verneinte.

»Nun, eines Tages kannst du das nachholen. Dann wirst du durch den Park spazieren und Hunderte von Rehen sehen, wilde und gezähmte.«

Kirsti kniete sich auf den Sitz und sah aus dem Fenster. »Da sind aber nirgends Rehe!«, beschwerte sie sich.

»Es sind ganz bestimmt welche da«, sagte Mama. »Sie verstecken sich zwischen den Bäumen.«

Der Zug fuhr ruckelnd wieder an. Die Tür am Ende des Waggons öffnete sich und zwei deutsche Soldaten traten ein. Annemarie verkrampfte sich. Nicht hier, nicht auch in diesem Zug, oder? Sie waren *überall*.

Gemeinsam durchquerten die Soldaten das Abteil, hier und dort blieben sie stehen, um eine Frage zu stellen. Einer der beiden hatte etwas zwischen den Zähnen stecken; er versuchte, es mit seiner Zunge zu berühren, und verzog dabei das Gesicht. Verängstigt und fasziniert zugleich beobachtete Annemarie, wie das Paar näher kam.
Einer der Soldaten sah gelangweilt zu ihnen herab. »Wohin fahren Sie?«, fragte er.
»Nach Gilleleje«, erwiderte Mama ruhig. »Mein Bruder lebt dort. Wir wollen ihn besuchen.«
Der Soldat wandte sich ab und Annemarie entspannte sich. Unvermittelt, ohne Warnung, drehte er sich wieder um.
»Besuchen Sie Ihren Bruder wegen des Neujahrsfestes?«, fragte er.
Mama starrte ihn verwirrt an. »Neujahr?«, fragte sie. »Es ist doch erst Oktober.«
»Wissen Sie was?«, rief Kirsti plötzlich, sehr laut und den Soldaten fest im Blick.
Annemarie fühlte ihr Herz in die Knie rutschen. Sie sah ihre Mutter an. Aus Mamas Augen sprach Angst. »Pst, Kirsti«, sagte sie. »Plappere kein dummes Zeug.«
Doch Kirsti hörte wie gewöhnlich nicht auf ihre Mutter. Fröhlich musterte sie den Soldaten und Annemarie wusste, was sie im nächsten Moment

sagen würde: Das ist unsere Freundin Ellen und es ist *ihr* neues Jahr!
Doch das tat sie nicht. Stattdessen deutete Kirsti auf ihre Füße. »Ich besuche meinen Onkel Henrik«, piepste sie, »und deshalb habe ich meine nagelneuen, glänzenden schwarzen Schuhe an.«
Der Soldat lachte leise und ging weiter.
Annemarie sah aus dem Fenster. Die Bäume, das Baltische Meer und der wolkenbedeckte Oktoberhimmel huschten verschwommen vorbei, während der Zug weiter die Nordküste entlangfuhr.

»Riecht doch nur«, sagte Mama, als sie aus dem Zug gestiegen waren und auf eine schmale Straße zugingen. »Ist das nicht herrlich frisch? Dieser Geruch ruft viele Erinnerungen in mir wach.«
Es war windig und kühl, die Luft trug den scharfen, nicht unangenehmen Geruch von Salz und Fisch. Am Himmel, unter blassen Wolken, segelten Seemöwen und schrien wie in Trauer.
Mama sah auf die Uhr. »Ich frage mich, ob Henrik schon zurück ist. Aber eigentlich ist es egal. Das Haus ist nie abgeschlossen. Gehen wir, Mädchen. Es ist nicht weit, nur ungefähr drei Kilometer. Und es ist ein schöner Tag. Wir nehmen den Pfad durch den Wald anstatt die Straße. Der ist ein wenig länger, aber es ist so schön dort.«

»Wie hat dir das Schloss gefallen, als wir durch Helsingør gefahren sind, Ellen?«, fragte Kirsti. Seit sie vom Zug aus das am Meer gelegene, uralte, mächtige Schloss Kronborg gesehen hatte, sprach sie von nichts anderem. »Ich wünschte, wir hätten angehalten und es uns angeschaut. Da wohnen Könige drin. Und Königinnen.«

Annemarie gab einen erschöpften Seufzer von sich. »Tun sie nicht«, sagte sie. »Früher lebten sie dort, aber heute gibt es dort keine Könige mehr. Außerdem hat Dänemark nur *einen* König und der lebt in Kopenhagen.«

Aber Kirsti war schon davongeschossen und hüpfte über den Gehsteig. »Könige und Königinnen«, sang sie glücklich, »Könige und Königinnen.«

Mama zuckte die Achseln und lächelte. »Lass sie doch träumen, Annemarie«, sagte sie. »Als ich so alt war wie sie, war ich genauso.«

Sie drehte sich um und führte sie durch eine kleine, verwinkelte Straße auf den Stadtrand zu. »Seit ich ein kleines Mädchen war, hat sich hier nicht viel verändert«, sagte sie. »Meine Tante Gitte hat hier gelebt, in diesem Haus« – sie zeigte darauf –, »doch sie ist schon vor Jahren gestorben. Das Haus aber ist unverändert. Es gab immer die herrlichsten Blumen in ihrem Garten.« Während sie an dem

Haus entlangspazierten, sah sie über den niedrigen Steinwall hinweg auf die wenigen noch blühenden Büsche. »Vielleicht gibt es die Blumen immer noch und wir haben nur die falsche Jahreszeit – nur diese Chrysanthemen sind geblieben.

Und seht ihr, da drüben?« Wieder zeigte sie mit einem Finger auf ein Haus. »Dort wohnte meine beste Freundin – sie hieß Helena. Manchmal durfte ich bei ihr übernachten. Aber meistens kam sie zu uns, vor allem über die Wochenenden. Auf dem Land gab es einfach mehr zu erleben.«

»Mein Bruder Henrik hat uns immer geärgert«, fuhr sie mit einem unterdrückten Lachen fort. »Er erzählte uns Geistergeschichten und erschreckte uns damit beinahe zu Tode.«

Der Gehweg endete und Mama bog auf einen unbefestigten, von Bäumen gesäumten Pfad ab. »Jeden Morgen, wenn ich zur Schule ging«, sagte sie, »folgte mir unser Hund genau bis hierher. Dann machte er kehrt und lief zurück nach Hause. Ich nehme an, er war eben ein echter Landhund, der sich in der Stadt nicht wohl fühlte.

Und wisst ihr was?«, sprach sie lächelnd weiter. »Ich nannte ihn Trofast – der Treue. Und das war genau der richtige Name für ihn, denn das war er wirklich, ein treuer Hund! Jeden Nachmittag hat er hier, an dieser Stelle, auf mich gewartet.

Irgendwoher schien er zu wissen, wie spät es war. Manchmal, wenn ich an diese Wegbiegung komme, selbst heute noch, erwarte ich, dass Trofast dort sitzt und mich schwanzwedelnd erwartet.«

Doch heute lag der Pfad verlassen. Keine Menschen. Keine treuen Hunde. Mama nahm ihre Reisetasche von der linken in die rechte Hand und sie marschierten durch den Wald, bis der Pfad sich auf eine mit Kühen gesprenkelte Wiese öffnete. Hier berührte der Pfad den Feldrain, führte an einem Zaun entlang und dahinter lag die See, grau und vom Wind zerrissen. Der Wind bewegte das hohe Gras.

Als die Weide zu Ende war und sie erneut den Wald betraten, wusste Annemarie, dass sie bald angekommen sein würden. Onkel Henriks Haus stand auf einer Lichtung jenseits dieses Waldes.

»Macht es euch etwas aus, wenn ich vorauslaufe?«, fragte sie plötzlich. »Ich möchte als erste das Haus sehen.«

»Geh nur«, sagte Mama. »Lauf und sag dem Haus, dass wir kommen.«

Dann legte sie den Arm um Ellens Schultern und fügte hinzu: »Sag ihm, wir bringen eine Freundin mit.«

Das Haus am Meer

»Oh, Annemarie«, sagte Ellen und aus ihrer Stimme klang Ehrfurcht, »es ist wunderschön!«
Annemarie sah sich um und nickte bestätigend. Das Haus und die umliegenden Wiesen und Weiden waren so sehr Teil ihrer Kindheit, sie waren so fest in ihrem Leben verankert, dass sie all das nur selten mit neuen Augen sah. Jetzt, unter dem Eindruck von Ellens Begeisterung, tat sie es. Und es stimmte. Es war wunderschön.
Das kleine Bauernhaus mit dem roten Dach war uralt, sein Kamin windschief, selbst die winzigen Fensterläden waren stellenweise verzogen. Wo Mauer und Hausdach über dem Schlafzimmerfenster aufeinander trafen, war ein aus zarten Gräsern gebautes Vogelnest versteckt. Nicht weit entfernt stand ein knorriger Baum, an dem noch einige längst überreife Äpfel hingen.
Mama und Kirsti waren ins Haus gegangen, doch

Annemarie und Ellen liefen durch das hohe Gras und die letzten auf den Wiesen blühenden Wildblumen. Wie aus dem Nichts erschien ein graues Kätzchen und schloss sich ihnen an, es haschte nach nicht vorhandenen Mäusen, machte Halt und leckte sich die Pfoten, um dann sofort wieder loszutollen. Es tat so, als bemerke es die Mädchen nicht, doch immer wieder drehte es sich um, um festzustellen, ob sie ihm auch folgten, erfreut darüber, Spielkameraden gefunden zu haben.
Die Wiese endete am Meer. Dort leckte graues Wasser an nassem, braunem Gras, das sich, vom Wind gebeugt, an einige glatt gewaschene, felsige Steine lehnte.
»So nah war ich noch nie am Meer«, sagte Ellen.
»Warst du doch. Du warst schließlich schon tausendmal im Kopenhagener Hafen.«
Ellen lachte. »Ich meine das *richtige* Meer, so wie hier. So offen – eine ganze Welt, die nur aus Wasser besteht.«
Annemarie schüttelte verwundert den Kopf. Da lebte Ellen in Dänemark, einem Land, das rundum von Wasser umgeben war, und hatte noch nie an dessen äußerstem Rand gestanden?
»Deine Eltern sind echte Stadtmenschen, oder?«

Ellen nickte. »Meine Mutter fürchtet sich vor dem Meer«, sagte sie lachend. »Sie meint, es sei zu groß für sie. Und zu kalt.«
Die Mädchen setzten sich auf einen der Felsen und zogen Schuhe und Strümpfe aus. Auf Zehenspitzen liefen sie über die nassen Steine und ließen das Wasser ihre Füße umspülen. Es *war* kalt. Sie kicherten und traten einen Schritt zurück.
Annemarie beugte sich hinunter und hob ein braunes Blatt auf, das von den Wellenbewegungen des Wassers vor- und zurückgetrieben wurde.
»Sieh mal«, sagte sie. »Dieses Blatt könnte aus Schweden stammen. Es wurde von einem Baum herunter ins Meer geweht und ist den ganzen Weg bis hierher getrieben. Siehst du das dahinten?« Sie zeigte mit einem Finger darauf. »Das Land? Ganz dahinten? Das ist Schweden.«
Ellen legte eine Hand über die Augen und sah über das Wasser auf die neblige Küstenlinie, die ein anderes Land markierte. »Es ist gar nicht so weit«, sagte sie.
»Vielleicht«, überlegte Annemarie laut, »stehen da drüben an der Küste zwei Mädchen, die so alt sind wie wir. Sie schauen hier herüber und sagen: ›Das ist Dänemark!‹«
Sie blinzelten in die verhangene Weite, als ob sie schwedische Kinder ausmachen könnten, die ihren

suchenden Blick erwiderten. Doch die Entfernung war zu groß. Sie sahen lediglich den verschwommenen Küstenstreifen sowie zwei kleinere Boote, die auf den grauen Wellen des trennenden Wassers auf und ab schaukelten.

»Vielleicht gehört eines der Boote deinem Onkel Henrik«, sagte Ellen.

»Vielleicht. Ich weiß nicht. Sie sind zu weit entfernt. Onkel Henriks Boot heißt *Ingeborg*«, erklärte sie Ellen. »Er hat es nach Mama benannt.«

Ellen sah sich um. »Legt er hier damit an? Bindet er es fest, damit es nicht abtreibt?«

Annemarie lachte. »Nein, nein. Im Hafen, in der Stadt, da gibt es ein großes Dock. Von da fahren alle Schiffe los und da legen sie auch wieder an und laden ihre Fische aus. Den Geruch solltest du mal kennen lernen! Bei Nacht ankern sie alle in diesem Hafen.«

»Annemarie! Ellen!« Mamas Stimme kam von jenseits der Wiese. Die Mädchen drehten sich um und sahen sie ihnen zuwinken. Sie griffen nach ihren Schuhen und liefen auf das Haus zu. Das Kätzchen, das es sich zwischen den Steinen an der Küste gemütlich gemacht hatte, erhob sich sofort und folgte ihnen.

»Ich habe Ellen das Meer gezeigt«, erklärte Annemarie, als sie bei Mama ankamen. »Sie war noch nie so nah am Meer! Wir wollten durch das Wasser waten, aber es ist viel zu kalt. Ich wünschte, es wäre Sommer, dann könnten wir schwimmen.«

»Selbst im Sommer ist es kalt«, sagte Mama. Sie sah sich um. »Ihr seid doch niemandem begegnet, oder? Ihr habt mit niemandem gesprochen?«

Annemarie schüttelte den Kopf. »Da war nur das Kätzchen.« Ellen hatte es hochgenommen, es schnurrte in ihren Armen, als sie seinen kleinen Kopf streichelte und leise zu ihm sprach.

»Ich wollte euch warnen. Solange wir hier sind, müsst ihr euch von Leuten fernhalten.«

»Aber hier ist doch niemand«, sagte Annemarie.

»Trotzdem. Wenn ihr jemanden seht – selbst wenn es jemand ist, den ihr kennt, ein alter Freund von Onkel Henrik zum Beispiel –, kommt ihr besser ins Haus. Es ist zu schwierig – vielleicht auch zu gefährlich –, anderen zu erklären, wer Ellen ist.«

Ellen sah auf und biss sich auf die Lippen. »Hier sind doch nicht etwa auch Soldaten, oder?«

Mama seufzte. »Ich befürchte, die Soldaten sind überall. Besonders jetzt. Dies sind schlechte Zeiten.

So, und jetzt kommt rein und helft mir, das Abendessen zuzubereiten. Henrik wird bald hier sein. Passt auf diese Holzstufe auf, sie ist locker. Wisst ihr, was ich gemacht habe? Ich habe genügend Äpfel gefunden, um davon Apfelmus zu kochen. Es gibt zwar keinen Zucker, aber die Äpfel sind süß. Henrik wird frischen Fisch mitbringen und es gibt genügend Feuerholz. Heute Abend haben wir es warm und gemütlich und können uns satt essen.«

»Es können gar keine so schlechten Zeiten sein«, sagte Annemarie. »Nicht, wenn es Apfelmus gibt!«

Ellen küsste das Kätzchen auf den Kopf und ließ es von ihren Armen zu Boden springen. Es schoss davon und verschwand im hohen Gras. Sie folgten Mama ins Haus.

An diesem Abend schliefen die Mädchen in dem Schlafzimmer, das im oberen Stockwerk lag und in dem schon Mama als kleines Kind geschlafen hatte. Auf der gegenüberliegenden Seite des Flurs lag Kirsti bereits in dem großen Bett, das einst ihren Großeltern gehört hatte.

Ellen berührte ihren Nacken, als sie eines von Annemaries geblümten Nachthemden anzog, die Mama mitgenommen hatte.

»Wo ist meine Halskette?«, fragte sie. »Was hast du damit gemacht?«

»Ich habe sie versteckt«, gab Annemarie zurück. »An einem sehr sicheren und geheimen Ort, den niemand finden wird. Und da hebe ich sie auf, bis

es nicht mehr gefährlich für dich ist, sie zu tragen.«
Ellen nickte. »Papa hat sie mir geschenkt, als ich noch klein war«, erklärte sie.
Sie ließ sich auf der Kante des alten Bettes nieder und fuhr mit den Fingern über die handgefertigte Bettdecke. Die vor langer Zeit von Annemaries Urgroßmutter darauf aufgestickten Vögel und Blumen waren längst verblasst.
»Ich wünschte, ich wüsste, wo meine Eltern sind«, sagte sie bedrückt, während einer ihrer Finger der Naht eines aufgestickten Vogels folgte.
Darauf wusste Annemarie keine Antwort. Sie streichelte Ellens Hand und so saßen sie schweigend nebeneinander. Durch das Fenster sahen sie die dünne Sichel des Mondes, die sich, vor einem blassen Himmel, zwischen den Wolken hervorschob. Bis jetzt war die skandinavische Nacht noch nicht sonderlich dunkel, doch schon bald, wenn der Winter kam, würde die Nacht nicht nur dunkel, sondern auch sehr lang sein; am frühen Nachmittag würde sie beginnen und bis weit in den nächsten Morgen hineinreichen.
Von unten klangen die Stimmen von Mama und Onkel Henrik herauf, die sich die letzten Neuigkeiten erzählten. Annemarie wusste, wie sehr Mama ihren Bruder vermisste, wenn sie ihn län-

gere Zeit nicht gesehen hatte. Die beiden standen sich sehr nahe. Mama zog Henrik regelmäßig damit auf, dass er nicht geheiratet hatte; wenn sie sich trafen, fragte sie ihn jedesmal lachend, ob er endlich eine Frau gefunden habe, die etwas mehr Ordnung ins Haus bringen würde. Dann zog Henrik sie seinerseits auf, indem er ihr vorschlug, sie könne ja nach Gilleleje zurückkehren und wieder dort leben, dann würde die tägliche Arbeit nicht auf ihm allein lasten.

Für einen Moment, während sie dem Gespräch lauschte, fühlte Annemarie sich in die vergangenen, glücklicheren Zeiten zurückversetzt, als sie das alte Bauernhaus besucht hatten, als das Licht des Sommers weit über die Schlafenszeit hinausreichte, als sie und Kirsti sich in die Betten kuschelten, während unten die Erwachsenen miteinander redeten.

Doch es gab einen Unterschied. Früher hatte sich immer Gelächter in die Unterhaltungen gemischt. Heute Abend blieb das Lachen aus.

Es gab einen Todesfall

Durch einen Schleier verworrener Träume hindurch nahm Annemarie wahr, wie Henrik bei Tagesanbruch aufstand und, mit der Milchkanne in der Hand, das Haus in Richtung der Scheune verließ. Später, als sie erwachte, war es Morgen. Draußen hörte sie Vögel singen, einer von ihnen saß nahe am Fenster im Apfelbaum; und sie hörte, wie sich Mama unten in der Küche mit Kirsti unterhielt.

Ellen schlief noch. Die vorgestrige Nacht, unterbrochen von den Soldaten in der Kopenhagener Wohnung, schien lange zurückzuliegen. Annemarie stand leise auf, um ihre Freundin nicht zu wecken. Sie zog sich an und ging die enge Wendeltreppe nach unten, wo sie Kirsti fand, die auf dem Küchenboden kniete und das graue Kätzchen dazu zu bewegen versuchte, Wasser aus einer Schale zu trinken.

»Du Dummchen«, sagte sie. »Kätzchen trinken Milch und kein Wasser.«

»Dieses hier nicht, ich bringe es ihm gerade bei«, verkündete Kirsti wichtigtuerisch. »Und ich habe es Thor getauft, nach dem Gott des Donners.«

Annemarie brach in Gelächter aus. Sie betrachtete das kleine Kätzchen, das angesichts seiner nassen Schnurrbarthaare verwirrt den Kopf schüttelte, während Kirsti versuchte, seine Schnauze in die Wasserschüssel zu tunken. »Der Donnergott?«, sagte Annemarie. »Das Kätzchen sieht aus, als würde es beim nächsten Gewitter weglaufen und sich *verstecken.*«

»Irgendwo steckt sicher seine Mutter«, sagte Mama. »Wenn es Milch braucht, wird es sie schon finden.«

»Oder es könnte die Kühe besuchen«, sagte Kirsti.

Onkel Henrik pflanzte zwar längst kein Getreide mehr an, wie es früher seine Eltern getan hatten, doch er hielt noch immer eine Kuh, die vergnügt die Wiese abgraste und als Gegenleistung dafür jeden Tag ein wenig Milch gab. Ab und zu konnte er sogar der Familie seiner Schwester Käse nach Kopenhagen schicken. Heute Morgen hatte Mama, wie Annemarie erfreut feststellte, Haferflocken gekocht und auf dem Tisch stand eine Kanne voller Sahne. Es war sehr lange her, dass sie Sahne getrunken hatte. Zu Hause gab es jeden Morgen nur Brot und Tee.

Mama folgte Annemaries Blick zur Kanne. »Frisch von Blüte«, sagte sie. »Henrik melkt sie jeden Morgen, bevor er zum Fischen aufbricht.

Es gibt sogar Butter«, fügte sie hinzu. »Normalerweise hat selbst Henrik keine Butter, doch diesmal hat er ein bisschen beiseite schaffen können.«

»Beiseite ... vor wem?«, fragte Annemarie, die ein mit Blumen bemaltes Schälchen mit Haferflocken füllte. »Du willst doch wohl nicht sagen, dass die Soldaten sogar die Butter – wie heißt es noch? – *umsiedeln*?« Sie lachte über ihren eigenen Scherz.

Doch es war kein Scherz, auch wenn Mama verkrampft darüber lachte. »Genau das tun sie«, sagte sie. »Sie siedeln die Butter der Bauern um, und zwar in die Bäuche ihrer Armee! Wenn sie wüssten, dass Henrik Butter versteckt hat, würden sie wahrscheinlich anmarschiert kommen und sie mit Waffengewalt den Pfad hinunter abführen.«

Kirsti fiel in ihr Lachen ein, als sie sich ein verängstigtes Stückchen Butter ausmalten, das von Soldaten umzingelt und verhaftet wurde. Das Kätzchen schoss, als Kirstis Aufmerksamkeit abgelenkt war, davon und machte es sich auf der Fensterbank bequem. Und auf einmal schien hier, wo in der sonnendurchfluteten Küche eine Kanne voller frischer Sahne stand, wo im Apfelbaum neben der Haustür ein Vogel sang, wo Onkel Henrik draußen, unter blauem Himmel, seine Netze voller silberner Fische aus dem klaren Wasser des Kattegat einholte – auf einmal schien die Erinnerung an die Gewehre und die grimmigen Gesichter der Soldaten nur noch einer Gespenstergeschichte zu entstammen, die man kleinen Kindern erzählte, um ihnen Angst vor der Dunkelheit einzujagen.

Mit einem verschlafenen Lächeln erschien Ellen im Eingang zur Küche und Mama stellte eine weitere geblümte Schüssel voller dampfender Haferflocken auf den alten Holztisch.

»*Sahne*«, sagte Annemarie und deutete grinsend auf die Kanne.

Den ganzen Tag lang spielten die Mädchen draußen unter dem kristallklaren Himmel und der strahlenden Sonne. Annemarie führte Ellen auf die kleine Weide hinter der Scheune, um sie dort mit Blüte bekannt zu machen, die mit ihrer rauen Zunge gemächlich Ellens zögerlich ausgestreckte Hand leckte. Das Kätzchen, auf der Jagd nach In-

sekten, tollte über die Weide. Die Mädchen pflückten ganze Arme voller Wildblumen, die schon braun gefärbt waren von der frühherbstlichen Kälte, und füllten damit Kannen und hohe Töpfe, bis alle Tische mit Sträußen beladen waren.
Mama schrubbte und wienerte das Haus, verdrossen brummte sie über Onkel Henriks Unordentlichkeit. Jeden einzelnen Teppichläufer hängte sie über die Wäscheleine und schlug ihn mit einem Stock aus, dass der Staub nur so wirbelte.
»Er braucht eine Frau«, sagte sie kopfschüttelnd, und während die Läufer noch auslüfteten, machte sie sich schon mit einem Schrubber über die alten Holzdielen her.
»Seht euch das nur an«, sagte sie und öffnete die Tür zu dem selten benutzten, unpersönlichen Wohnzimmer mit seinen altmodischen Möbeln. »Er staubt einfach nie ab.« Sie griff nach ihrem Putzlappen.
»Und, Kirsti«, fügte sie hinzu, »der Donnergott hat eine kleine Regenlache in der Küche hinterlassen. Behalte ihn besser im Auge.«
Am späten Nachmittag kam Onkel Henrik nach Hause. Er grinste, als er das frisch geputzte, glänzende Haus sah, die weit geöffneten Flügeltüren des Wohnzimmers, die gelüfteten Teppiche und die gewaschenen Fenster.

»Henrik, du brauchst eine Frau«, schalt Mama ihn aus.
Onkel Henrik lachte und gesellte sich zu Mama auf die Holztreppe, die zur Küche führte. »Wofür brauche ich eine Frau, wenn ich eine Schwester habe?«, fragte er mit seiner tiefen Stimme.
Mama seufzte, doch ihre Augen blitzten schelmisch. »Und du musst mehr Zeit im Haus verbringen, um es sauber zu halten. Diese Stufe da ist zerbrochen und ein Abfluss in der Küche ist undicht. Außerdem –«
Henrik grinste sie an und schüttelte den Kopf in gespielter Bestürzung. »Und auf dem Dachboden wimmelt es von Mäusen und den Ärmel meines Pullovers ziert ein dickes Mottenloch, und wenn ich die Fenster nicht öfter putze –«
Sie lachten gemeinsam.
»Jedenfalls«, sagte Mama, »habe ich jedes Fenster aufgerissen, um frische Luft und Sonne hereinzulassen. Wir können von Glück reden, dass heute so ein wunderschöner Tag ist.«
»Morgen ist gutes Wetter zum Fischen«, sagte Onkel Henrik und sein Lächeln verschwand.
Annemarie, die zugehört hatte, erkannte den seltsamen Satz wieder. Papa hatte etwas Ähnliches am Telefon gesagt. »Kann man bei diesem Wetter fischen?«, hatte er Henrik gefragt. Doch was war da-

mit gemeint? Henrik ging jeden Tag zum Fischen, ob es nun regnete oder die Sonne schien. Die dänischen Fischer warteten nicht auf gutes Wetter, um mit ihren Booten aufs Meer zu segeln und ihre Netze auszuwerfen. Annemarie, die neben Ellen unter dem Apfelbaum saß, beobachtete schweigend ihren Onkel.

Mama sah ihn an. »Das Wetter ist richtig?«, fragte sie.

Henrik nickte und blickte in den Himmel. Prüfend roch er die Luft. »Nach dem Abendessen gehe ich zurück zum Hafen. Morgen werden wir sehr früh auslaufen. Ich werde die ganze Nacht auf dem Boot verbringen.«

Annemarie überlegte, wie es sein mochte, die ganze Nacht auf einem Boot zu verbringen. Vor Anker zu liegen, das Meer gegen die Planken schlagen zu hören. Vom Meer aus die Sterne zu sehen.

»Ist das Wohnzimmer vorbereitet?«, fragte Onkel Henrik unvermittelt.

Mama nickte. »Es ist geputzt und ich habe die Möbel umgerückt, um etwas Platz zu schaffen.

Und hast du die Blumen gesehen?«, fügte sie hinzu. »Ich selbst hätte gar nicht daran gedacht, aber die Mädchen haben Blumen auf der Weide gepflückt.«

»Für was hast du das Wohnzimmer vorbereitet?«, fragte Annemarie. »Und warum hast du die Möbel umgestellt?«
Mama warf Onkel Henrik einen raschen Blick zu. Er hatte sich nach dem herumtollenden Kätzchen gebückt, jetzt hielt er es gegen seine Brust gedrückt und kraulte es zärtlich unter dem Kinn. Es machte vor Vergnügen einen Buckel.
»Nun«, sagte er, »es ist ein trauriger Anlass, aber kein *allzu* trauriger, denn sie war schon sehr, sehr alt. Es gab einen Todesfall. Heute Nacht wird der Sarg mit eurer Großtante Birte im Wohnzimmer aufgebahrt sein, bevor dann morgen die Beerdigung stattfindet. Das ist ein alter Brauch, wisst ihr, damit seine Lieben sich vor der Beerdigung von dem Toten verabschieden können.«
Kirsti hörte fasziniert zu. »Hier?«, fragte sie. »Eine tote Frau, hier bei uns?«
Annemarie sagte nichts. Sie war verwirrt. Bisher hatte sie nicht gewusst, dass es in der Familie zu einem Todesfall gekommen war. Niemand hatte in Kopenhagen angerufen, um auszurichten, dass es einen Todesfall gebe. Niemand hatte getrauert.
Außerdem – und das war das Verwirrendste von allem – hatte sie nie zuvor den Namen gehört. Großtante Birte. Sie würde es *wissen*, wenn sie eine

Verwandte dieses Namens hätte. Kirsti vielleicht nicht; Kirsti war klein und schenkte solchen Dingen keine Aufmerksamkeit.

Doch Annemarie tat es. Die Geschichten aus der Kindheit ihrer Mutter hatten sie immer ganz besonders fasziniert. Sie erinnerte sich an die Namen all der Cousins und Cousinen, all der Großtanten und Großonkel: wer ein Witzbold und wer ein Miesepeter gewesen war, welche Frau eine solche Schreckschraube gewesen war, dass ihr Ehemann schließlich ausgezogen war, obwohl sie weiterhin jeden Tag zusammen zu Abend aßen. Lauter herrliche, interessante Geschichten, in denen es nur so gewimmelt hatte von der kunterbunten Verwandtschaft ihrer Mutter.

Und daher war Annemarie sich ziemlich sicher, obwohl sie nichts sagte. Es gab keine Großtante Birte. Sie existierte überhaupt nicht.

Warum lügst du?

Nach dem Abendessen ging Annemarie allein nach draußen. Durch die offene Küchentür konnte sie hören, wie Ellen und ihre Mutter sich beim Abwaschen unterhielten. Sie wusste, dass Kirsti mit den alten Puppen spielte, die sie im oberen Stockwerk gefunden hatte, Puppen, die vor langer, langer Zeit Mama gehört hatten. Das Kätzchen war davongelaufen und verschwunden, nachdem Kirsti versucht hatte, ihm etwas anzuziehen.

Sie ging zur Scheune, in der Onkel Henrik Blüte melkte. Er kniete auf dem strohbedeckten Boden neben der Kuh, die Schulter an deren breite Seite gedrückt, während seine kräftigen, sonnengebräunten Hände die Milch aus dem Euter in einen Eimer trieben. Der Donnergott saß mit gespannter Aufmerksamkeit daneben und schaute ihm zu.

Blüte sah Annemarie aus großen, braunen Augen an. Sie bewegte das faltige Maul wie eine alte Frau, die den Sitz ihrer falschen Zähne korrigiert.

Annemarie lehnte sich gegen das alte, an vielen Stellen gesplitterte Holz der Scheunenwand und lauschte dem blechernen Klang, mit dem die Milchstrahlen gegen die Innenseiten des Eimers schlugen. Onkel Henrik sah lächelnd zu ihr herüber, ohne dabei den Rhythmus des Melkens zu verändern. Er sagte kein Wort.

Durch die Scheunenfenster fiel das rosige Licht des Sonnenuntergangs und warf unregelmäßige Schatten auf die gestapelten Heuballen. Staubpartikel und Stroh hingen in der Luft.

»Onkel Henrik«, sagte Annemarie plötzlich, die Stimme voller Kälte, »du belügst mich. Mama und du, ihr belügt mich beide.«

Seine starken Hände melkten weiter, gleichmäßig wie ein Pulsschlag. Der Strom der Milch brach nicht ab. Er sah sie erneut an, in seinen freundlichen blauen Augen lag eine Frage. »Du bist wütend«, sagte er.

»Ja. Mama hat mich noch nie angelogen. Niemals. Aber ich weiß, dass es keine Großtante Birte gibt. In all den Geschichten, die ich gehört habe, auf all den alten Photos, die ich gesehen habe, hat es niemals eine Großtante Birte gegeben.«

Onkel Henrik seufzte. Blüte sah ihn an, als wolle sie sagen: »Fast fertig«, und tatsächlich wurde der Milchstrom dünner und begann zu versiegen.

Sanft und kräftig zugleich melkte er so lange, bis schließlich keine Milch mehr kam. Der Eimer war halb voll, auf der Oberfläche schwamm weißer Schaum. Er stellte ihn beiseite und rieb das Euter der Kuh mit einem feuchten Lappen sauber. Dann stellte er den Eimer in ein Regal und deckte ihn ab. Liebevoll klopfte er der Kuh gegen den Hals. Endlich wandte er sich Annemarie zu, während er sich die Hände an dem Tuch trocken rieb.
»Wie tapfer bist du, kleine Annemarie?«, fragte er unvermittelt.
Sie war verblüfft. Und bestürzt. Er hatte eine Frage gestellt, die sie nicht hören wollte. Wenn sie diese Frage sich selbst stellte, gefiel ihr die eigene Antwort nicht.
»Nicht besonders«, gab sie zu. Sie sah zu Boden.
Onkel Henrik kniete vor ihr nieder, so dass ihre Gesichter sich auf derselben Höhe befanden. Hinter ihm senkte Blüte das Haupt, umschlang mit der Zunge eine Handvoll Heu und schob sie sich in das Maul. Das Kätzchen hielt den Kopf zur Seite geneigt, geduldig hoffte es auf verschüttete Milch.
»Ich glaube, das stimmt nicht«, sagte Onkel Henrik. »Ich glaube, du bist so wie deine Mutter, wie dein Vater und wie ich. Verängstigt, aber ent-

schlossen, und wenn du jemals tapfer sein müsstest, dann würdest du, da bin ich sicher, sehr, sehr tapfer sein.

Aber«, fügte er hinzu, »es ist *viel leichter*, tapfer zu sein, wenn man nichts weiß. Deshalb weiß deine Mutter nicht alles, genauso wenig wie ich. Wir wissen nur, was wir wissen müssen.

Verstehst du, was ich dir damit sagen will?«, fragte er und sah ihr dabei in die Augen.

Annemarie runzelte die Stirn. Sie war sich nicht sicher. Was bedeutete Tapferkeit? Sie hatte große Angst gehabt an jenem Tag – der noch nicht lange her war, obwohl er tief in der Vergangenheit zu liegen schien –, als der Soldat sie auf der Straße angehalten und mit seiner rauen Stimme ausgefragt hatte.

Und damals hatte sie nicht alles gewusst. Sie hatte nicht gewusst, dass die Deutschen vorhatten, die Juden fortzubringen. Und so war sie, als der Soldat an jenem Tag Ellen angesehen und nach deren Namen gefragt hatte, in der Lage gewesen, ihm zu antworten, obwohl sie Angst gehabt hatte. Hätte sie alles gewusst, wäre es bei weitem nicht so leicht gewesen, tapfer zu sein.

Sie begann zu verstehen, immerhin ein wenig. »Ja«, sagte sie zu Onkel Henrik, »ich glaube, ich verstehe es.«

»Du hast natürlich Recht«, sagte er. »Es gibt keine Großtante Birte und es hat auch nie eine gegeben. Deine Mutter hat dich angelogen, genau wie ich. Wir haben das getan«, erklärte er, »um dir dabei zu helfen, tapfer zu sein, und weil wir dich lieben. Kannst du uns das verzeihen?«
Annemarie nickte. Plötzlich fühlte sie sich älter.
»Und mehr werde ich dir nicht verraten, nicht jetzt, aus demselben Grund. Verstehst du das?«
Annemarie nickte noch einmal. Draußen war plötzlich ein Geräusch zu hören. Onkel Henriks Schultern strafften sich. Er stand schnell auf, trat in die Schatten des Scheunenfensters und sah nach draußen. Dann wandte er sich wieder zu Annemarie um.
»Der Leichenwagen«, sagte er. »Mit Großtante Birte, die es nie gegeben hat.« Er lächelte ironisch. »Damit, meine kleine Freundin, beginnt für uns die Trauernacht. Bist du bereit?«
Annemarie nahm die Hand ihres Onkels und er führte sie aus der Scheune.

Der auf Hochglanz polierte Holzsarg ruhte auf Stützen in der Mitte des Wohnzimmers, umgeben von den zerbrechlichen, papiernen Blumen, die Annemarie und Ellen an diesem Nachmittag gepflückt hatten. Kerzen standen in Haltern auf dem

Tisch und warfen warmes, flackerndes Licht. Der Leichenwagen war verschwunden und mit ihm die feierlich dreinblickenden Männer, die, nach einer leisen Unterhaltung mit Onkel Henrik, den Sarg ins Haus getragen hatten.

Kirsti war nur widerwillig zu Bett gegangen. Sie hatte gebettelt, mit den anderen aufbleiben zu dürfen, schließlich sei sie groß genug und außerdem habe sie noch nie einen toten Menschen in einer verschlossenen Kiste gesehen, es wäre einfach *ungerecht*. Doch Mama hatte sich nicht erweichen lassen und endlich war Kirsti nach oben gestapft, schmollend, ihre Puppen unter dem einen Arm, das Kätzchen unter dem anderen.

Ellen war still und wirkte bedrückt. »Es tut mir so Leid, dass Ihre Großtante gestorben ist«, hörte Annemarie sie zu Mama sagen, die traurig lächelte und ihr dankte.

Annemarie hatte zugehört und geschwiegen. Jetzt lüge ich also auch, dachte sie, ich belüge meine beste Freundin! Ich könnte Ellen erzählen, dass es nicht stimmt, dass es nie eine Großtante Birte gegeben hat. Ich könnte sie beiseite nehmen und ihr das Geheimnis ins Ohr flüstern, dann müsste sie sich nicht mehr so traurig fühlen.

Doch sie tat es nicht. Ihr war bewusst, dass sie Ellen auf dieselbe Art beschützte, wie zuvor ihre Mutter sie selbst beschützt hatte. Obwohl sie nicht begriff, was vor sich ging oder warum der Sarg hier stand – oder wer in Wirklichkeit darin lag –, wusste sie, dass es besser war, sicherer, wenn Ellen weiterhin glaubte, es handele sich dabei um Großtante Birte. Also schwieg sie.

Als der Nachthimmel dunkler wurde, kamen weitere Leute. Ein Mann und eine Frau, beide schwarz gekleidet, die Frau mit einem kleinen, schlafenden Baby auf dem Arm, erschienen an der Tür und Onkel Henrik winkte sie ins Haus. Sie nickten Mama und den beiden Mädchen zu. Onkel Henrik folgend, betraten sie das Wohnzimmer und setzten sich ruhig hin.

»Freunde von Großtante Birte«, erklärte Mama leise auf einen fragenden Blick Annemaries hin. Annemarie wusste, dass ihre Mutter wieder schwindelte, und sie sah, wie ihre Mutter bemerkte, dass sie es wusste. Beide blickten einander lange an und sagten nichts. Dieser Moment, dieser Blick machte sie zu Komplizen.

Aus dem Wohnzimmer ertönte das quengelnde Weinen des müden Babys. Annemarie warf einen Blick durch die Tür und sah, wie die Frau ihre Bluse öffnete und das Baby zu stillen begann, das sofort verstummte.

Ein weiterer Mann tauchte auf, alt und bärtig.

Schweigend ging er ins Wohnzimmer und setzte sich wortlos zu den anderen, die ihn kaum beachteten. Die junge Frau zog die Decke des Babys etwas höher, so daß diese das Gesicht des Babys und ihre Brust verbarg. Der alte Mann beugte den Kopf und schloss die Augen, wie im Gebet. Sein Mund bewegte sich, lautlos bildete er Worte, die niemand hörte.

Von der Tür aus betrachtete Annemarie die Trauernden in dem von Kerzen erhellten Wohnzimmer. Dann wandte sie sich ab und ging in die Küche, um Mama und Ellen bei der Zubereitung des Abendessens zu helfen.

Sie dachte daran, wie damals, in Kopenhagen, nach Lises Tod, jeden Abend Freunde zu Besuch gekommen waren. Alle hatten sie Essen mitgebracht, damit Mama nicht kochen musste.

Warum hatten diese Leute nichts zu essen mitgebracht? Warum redeten sie nicht? In Kopenhagen hatten die Leute sich leise untereinander und mit Mama und Papa unterhalten, wenn es auch traurige Gespräche gewesen waren. Sie hatten über Lise gesprochen und dabei der schöneren Zeiten vor ihrem Tod gedacht.

Während sie in der Küche stand, Käse aufschnitt und nachdachte, wurde Annemarie klar, dass diese Leute nichts hatten, worüber sie reden konnten.

Sie konnten der guten, alten Zeiten mit Großtante Birte nicht gedenken, weil es eine Großtante Birte nie gegeben hatte.

Onkel Henrik betrat die Küche. Er warf einen Blick auf seine Uhr, dann sah er Mama an. »Es wird spät«, sagte er. »Ich sollte mich auf den Weg zum Boot machen.« Er schien besorgt zu sein. Er blies die Kerzen aus, und als der ganze Raum dunkel war, öffnete er die Tür und starrte an dem knorrigen Apfelbaum vorbei in die Finsternis.

»Gut. Da kommen sie«, sagte er leise und mit großer Erleichterung. »Ellen, komm mit mir.«

Ellen sah fragend zu Mama, die ihr zunickte. »Geh mit Henrik«, sagte sie.

Annemarie, in der Hand eine Käseecke, beobachtete, wie Ellen und Onkel Henrik in den Hof traten. Sie hörte Ellen einen spitzen, unterdrückten Schrei ausstoßen, gefolgt vom Klang leiser Stimmen.

Kurz darauf war Onkel Henrik wieder da. Hinter ihm stand Peter Neilsen.

Diesmal ging Peter zuerst zu Mama und schloss sie in die Arme. Dann drückte er Annemarie an sich und küsste sie auf die Wangen. Doch er sprach dabei kein Wort. Heute lag in seiner Zuneigung keine Verspieltheit, nur ein Gefühl der Eile und der Sorge. Er ging sofort weiter ins Wohnzimmer, sah in die schweigende Runde und nickte den Leuten zu.

Ellen war noch immer draußen im Hof. Doch im nächsten Moment öffnete sich die Tür und sie kam wieder herein – mit baumelnden Beinen, wie ein kleines Kind, fest an die Brust ihres Vaters gedrückt. Ihre Mutter ging neben ihnen.

Öffnen wir den Sarg

»Nun, da ihr alle hier seid«, sagte Onkel Henrik und sah sich dabei im Wohnzimmer um, »muss ich gehen.«

Annemarie blickte aus dem breiten Türrahmen der Diele in den Raum. Das Baby war eingeschlafen, seine Mutter wirkte müde. Ihr Mann saß neben ihr, einen Arm über ihre Schulter gelegt. Der alte Mann hielt den Kopf immer noch gesenkt.

Peter saß allein und vornübergebeugt, die Ellbogen auf die Knie gestützt. Er war ganz offensichtlich völlig in Gedanken versunken.

Auf dem Sofa saß Ellen zwischen ihren Eltern, eine Hand fest von der der Mutter umklammert. Ohne ein Lächeln sah sie zu Annemarie auf, die sich von einer plötzlichen Traurigkeit ergriffen fühlte. Das Band ihrer gemeinsamen Freundschaft war nicht zerrissen, doch es schien, als habe Ellen sich in eine andere Welt zurückgezogen, in der es nur noch um ihre Familie ging und um das, was vor ihnen lag.

Als Onkel Henrik sich anschickte zu gehen, sah der bärtige alte Mann plötzlich auf. »Gott schütze Sie«, sagte er mit leiser, aber fester Stimme.

Henrik nickte. »Gott schütze uns alle«, erwiderte er. Dann drehte er sich um und ging aus dem Zimmer. Gleich darauf hörte Annemarie ihn das Haus verlassen.

Mama brachte ein Tablett aus der Küche, auf dem eine Kanne Tee und Tassen standen. Annemarie half ihr beim Austeilen der Tassen. Niemand sprach.

»Annemarie«, flüsterte Mama ihr in der Diele zu, »du kannst zu Bett gehen, wenn du magst. Es ist schon sehr spät.«

Annemarie schüttelte den Kopf, obwohl sie müde war. Sie konnte sehen, daß es Ellen ebenso ging; ihre Freundin hatte den Kopf an die Schulter der Mutter gelehnt und immer wieder fielen ihr die Augen zu.

Schließlich ging Annemarie zu dem Schaukelstuhl, der in einer Ecke des Wohnzimmers stand, rollte sich darauf zusammen, den Kopf gegen das weiche Polster gelegt, und döste vor sich hin.

Das plötzliche Aufleuchten von Scheinwerfern hinter den Gardinen, als draußen ein Wagen in den Hof einbog, riss sie aus ihrem Halbschlaf. Wagentüren schlugen zu. Jeder der im Raum An-

wesenden zuckte zusammen, doch keiner verlor ein Wort.
Sie hörte – wie in einem wiederkehrenden Alptraum – das heftige Pochen an der Tür, gefolgt vom vertrauten Stakkato von Stiefelabsätzen auf dem Küchenfußboden. Die Frau mit dem Baby schluchzte auf und begann unvermittelt zu weinen.
Die aus der Küche erklingende, mit einem Akzent behaftete Männerstimme war laut. »Wir haben beobachtet«, sagte der Mann, »dass sich eine ungewöhnlich große Anzahl Menschen hier eingefunden hat. Gibt es dafür eine Erklärung?«
»Wir haben einen Todesfall«, gab Mama ruhig zurück. »Es ist bei uns Brauch, dass die Familie sich trifft, um dem Toten die letzte Ehre zu erweisen. Ich bin sicher, dass Sie mit unseren Bräuchen vertraut sind.«
Einer der Offiziere drückte sich an Mama vorbei und trat aus der Küche ins Wohnzimmer. Andere folgten ihm. Sie füllten den breiten Türrahmen aus. Wie immer glänzten ihre Schuhe, ihre Gewehre, ihre Helme. Alle glänzten sie im Kerzenlicht.
Annemarie beobachtete, wie der Mann seinen Blick durch das Zimmer schweifen ließ. Lange Zeit musterte er den Sarg, dann fasste er jeden der

Anwesenden genau ins Auge. Als Annemarie an der Reihe war, erwiderte sie standhaft seinen Blick.

»Wer ist gestorben?«, fragte er barsch.

Niemand gab eine Antwort. Alle sahen Annemarie an, der plötzlich bewusst wurde, dass die Frage des Offiziers an sie gerichtet war.

Jetzt wusste sie mit letzter Sicherheit, wovon Onkel Henrik in der Scheune gesprochen hatte. Tapfer zu sein war einfacher, wenn man nichts wusste.

Sie schluckte. »Meine Großtante Birte«, log sie mit fester Stimme.

Plötzlich durchquerte der Offizier den Raum und ging auf den Sarg zu. Er legte eine behandschuhte Hand auf den Deckel. »Die arme Großtante Birte«, sagte er herablassend.

»Ich kenne Ihre Bräuche tatsächlich«, sagte er, den Blick auf Mama gerichtet, die immer noch im Türrahmen stand. »Und daher weiß ich, dass es einer Ihrer Bräuche ist, dem lieben Verblichenen die letzte Ehre zu erweisen, indem man ihm ins Angesicht schaut. Seltsam, dass *dieser* Sarg fest verschlossen ist.« Seine zur Faust geballte Hand glitt über den Rand des polierten Sargdeckels.

»Warum ist er nicht offen?«, verlangte er zu wissen.

»Öffnen wir ihn und werfen wir einen letzten Blick auf Großtante Birte!«
Annemarie sah, wie Peter sich in seinem Stuhl auf der gegenüberliegenden Seite des Raums versteifte und wie er eine Hand langsam an seiner Seite herabgleiten ließ.
Mama durchquerte eilig das Zimmer, sie ging direkt auf den Sarg zu, direkt auf den Offizier. »Sie haben Recht«, sagte sie. »Der Arzt meinte zwar, er sollte besser verschlossen bleiben, weil Tante Birte an Typhus gestorben ist und es gefährlich sei, da die Bakterien noch leben könnten. Aber was weiß der schon – schließlich ist er nur ein Landarzt, und noch dazu sehr alt. Ich glaube nicht, daß Typhusbakterien in einer Leiche am Leben bleiben. Und die gute Tante Birte... ich wollte ohnehin ihr Gesicht sehen und sie zum Abschied küssen. Selbstverständlich öffnen wir den Sarg! Ich danke Ihnen für Ihren Vorschlag und – «
Mit einer blitzschnellen Bewegung seines Arms schlug der Offizier Mama ins Gesicht. Sie stolperte nach hinten, der weiße Abdruck auf ihrem Gesicht färbte sich sofort dunkel.
»Dummes Weibsbild!«, schnappte er. »Als ob wir daran interessiert wären, die Leiche deiner verstorbenen Tante zu sehen! Ihr könnt ihn aufmachen, wenn wir gegangen sind.«

Mit dem Daumen drückte er eine der Kerzen aus. Heißes Wachs spritzte über den Tisch. »Die Kerzen ausmachen!«, befahl er. »Oder die Vorhänge schließen.«
Er schritt auf die Tür zu und verließ den Raum. Bewegungslos, still, eine Hand an der Wange, lauschte Mama – sie alle lauschten –, wie die uniformierten Männer aus dem Haus gingen. Sekunden später hörten sie Türen zuschlagen, den Motor anspringen und endlich den Wagen davonfahren.
»Mama!«, schrie Annemarie.
Ihre Mutter schüttelte schnell den Kopf und warf einen Blick auf das offene Fenster, vor dem nur ein einfacher Vorhang hing. Annemarie verstand. Draußen mochten noch immer Soldaten sein, die sie beobachteten und lauschten.
Peter erhob sich und zog die Vorhänge zu. Er zündete die ausgelöschte Kerze wieder an. Dann griff er nach der alten Bibel, die auf dem Fenstersims lag. Er schlug sie rasch auf und sagte: »Ich werde einen Psalm vorlesen.«
Seine Augen huschten über die willkürlich aufgeschlagene Seite und er begann mit fester Stimme vorzulesen.

Lobet den Herrn.
Erquickend ist es, unserem Gott Psalmen zu singen,
wohlgefällig, Ihn zu lobpreisen!
Aufs Neue errichtet der Herr Jerusalem,
wo Er versammelt die verlorenen Söhne Israels.
Er ist es, der diejenigen traurigen Mutes heilt,
Er ist es, der ihre Wunden verbindet,
der die Sterne zählt, einen nach dem anderen …

Mama setzte sich hin und hörte zu. Langsam fiel von allen die Anspannung ab. Annemarie sah, wie der bärtige alte Mann auf der anderen Seite des Raumes zu Peters Worten die Lippen bewegte; er kannte den alten Psalm auswendig.
Annemarie hingegen kannte ihn nicht. Die Worte waren ihr nicht vertraut und sie versuchte, zuzuhören, sie zu verstehen; sie versuchte, den Krieg und die Nazis zu vergessen, versuchte, nicht zu weinen, versuchte, tapfer zu sein. Der Nachtwind bewegte die dunklen Vorhänge vor den geöffneten Fenstern. Draußen, das wusste sie, war der Himmel übersät mit Sternen. Wie konnte jemand sie zählen, einen nach dem anderen, wie der Psalm behauptete? Es waren zu viele. Der Himmel war zu groß.

Ellen hatte gesagt, ihre Mutter fürchte sich vor dem Meer, dass es zu kalt sei und zu groß.
Genau wie der Himmel, dachte Annemarie. Genau wie die *ganze Welt*: zu kalt, zu groß und zu grausam.
Peter las weiter, mit fester Stimme, auch wenn man ihm anmerkte, dass er todmüde war. Die Minuten schlichen dahin, sie schienen so lang wie Stunden.
Endlich, ohne das Vorlesen dabei zu unterbrechen, trat er ans Fenster. Er schlug die Bibel zu und lauschte in die stille Nacht hinaus. Dann ließ er den Blick über das Zimmer gleiten. »Jetzt«, sagte er. »Es ist Zeit.«
Zuerst schloss er die Fenster. Dann ging er zum Sarg und hob den Deckel an.

Werden wir dich bald wieder sehen, Peter?

Annemarie blinzelte. Durch den dunklen Raum hindurch sah sie, wie auch Ellen verdutzt in die schmale Holzkiste schaute.

Es befand sich überhaupt niemand in dem Sarg. Vielmehr hatte es den Anschein, als sei er mit zusammengefalteten Decken und verschiedenen Kleidungsstücken vollgestopft worden.

Peter begann, ein Teil nach dem anderen herauszunehmen und an die schweigenden Menschen im Zimmer zu verteilen. Dem Mann und seiner Frau reichte er schwere Mäntel, einen weiteren Mantel erhielt der bärtige alte Mann.

»Es wird kalt werden«, murmelte er. »Ziehen Sie das an.« Für Frau Rosen fand er einen Pullover, Ellens Vater erhielt eine Strickjacke. Nachdem er eine Weile in den zusammengefalteten Kleidungsstücken herumgewühlt hatte, fischte er eine leichte Winterjacke daraus hervor, die er Ellen gab.

Annemarie sah, wie Ellen die Jacke entgegennahm und sie musterte. Sie war abgetragen und geflickt. Es stimmte, dass es während der letzten Jahre praktisch für niemanden neue Kleidung gegeben hatte; dennoch war es Ellens Mutter bisher immer gelungen, neue Kleider für ihre Tochter zu nähen – meist indem sie alte Kleidungsstücke auftrennte und sie dann, nach neuem Schnitt, so nähte, dass sie brandneu wirkten. Nie zuvor hatte Ellen etwas so Schäbiges und Altes getragen wie diese Jacke.

Doch sie schlüpfte hinein, legte die Jacke um sich und knöpfte die nicht zueinander passenden Knöpfe zu.

Peter, die Arme mit all den seltsamen Kleidungsstücken beladen, ging zu dem Pärchen mit dem Kind. »Es tut mir Leid«, sagte er zu ihnen, »aber für ein Baby ist nichts dabei.«

»Es wird sich schon etwas finden«, sagte Mama schnell. »Das Baby muss es warm haben.« Sie verließ das Zimmer und kam im nächsten Moment mit Kirstis dickem roten Pullover zurück.

»Hier«, sagte sie zur Mutter des Babys, »der wird ihm zwar viel zu groß sein, aber dafür hat er es darin um so wärmer.«

Jetzt sprach die Frau zum ersten Mal. »Sie«, flüsterte sie. »Es ist ein Mädchen. Sie heißt Rachel.«

Mama lächelte und half ihr dabei, die Arme des Babys in die Ärmel des Pullovers zu stecken. Gemeinsam knöpften sie die herzförmigen Knöpfe zu – wie sehr Kirsti diesen Pullover mit seinen herzförmigen Knöpfen liebte! –, bis das winzige Kind gänzlich in warme, rote Wolle verpackt war. Seine Augenlider flatterten, doch es wurde nicht wach.

Peter griff in seine Hosentasche und zog etwas daraus hervor. Er ging zu den Eltern, beugte sich über das Baby und drehte den Verschluss der kleinen Flasche ab, die er in der Hand hielt.

»Wie viel wiegt sie?«, fragte Peter.

»Bei ihrer Geburt wog sie sieben Pfund«, gab die junge Frau zurück. »Sie hat ein bisschen zugenommen, aber nicht viel. Mehr als acht Pfund wiegt sie sicher nicht.«

»Dann werden wenige Tropfen reichen. Sie sind ohne Geruch und Geschmack, sie wird es gar nicht bemerken.«

Die Mutter schloss ihre Arme um das Baby und sah Peter flehend an. »Bitte nicht!«, bat sie. »Sie schläft nachts durch. Bitte, sie braucht das nicht. Sie wird nicht weinen, das verspreche ich.«

Peters Stimme war unnachgiebig. »Wir können kein Risiko eingehen«, sagte er. Er schob die Pipette der Flasche in den winzigen Mund des Babys und drückte einige Tropfen auf dessen Zunge. Das Baby gähnte und schluckte. Die Mutter schloss die Augen, ihr Mann fasste sie bei der Schulter.

Als nächstes nahm Peter eine Decke nach der anderen aus dem Sarg und teilte sie aus. »Nehmen Sie die mit«, sagte er. »Die werden Sie später brauchen, um sich warm zu halten.«

Annemaries Mutter ging herum und gab jedem ein kleines Essenspaket: den Käse, das Brot und die Äpfel, bei deren Zubereitung ihr Annemarie Stunden zuvor in der Küche geholfen hatte.

Schließlich holte Peter ein in Zeitungspapier eingeschlagenes Päckchen aus der Innentasche seiner Jacke. Er sah sich in dem Zimmer um, betrachtete die inzwischen alle in Winterkleidung gehüllten, zusammenstehenden Menschen und winkte dann Herrn Rosen zu sich, der ihm hinaus in die Diele folgte.

Annemarie konnte hören, wie sie sich unterhielten. »Herr Rosen«, sagte Peter, »dies hier muss zu Henrik gelangen. Es kann sein, dass ich ihn nicht sehen werde, da ich die anderen nur zum Hafen bringe und sie dort das Boot allein aufsuchen werden.

Ich möchte, dass Sie das für mich abliefern. Ich muss mich fest darauf verlassen können. Es ist überaus wichtig!« Ein Moment der Stille trat ein

und Annemarie wusste, dass Peter jetzt Herrn Rosen das Päckchen überreichte.
Sie sah es aus Herrn Rosens Jackentasche herausragen, als er ins Wohnzimmer zurückkam und sich setzte. Sie sah auch den verwirrten Ausdruck in seinem Gesicht. Er wusste nicht, was das Päckchen enthielt. Er hatte nicht danach gefragt.
Einmal mehr, so wurde Annemarie bewusst, beschützten sie einander, indem sie sich nichts erzählten. Wüsste Herr Rosen Bescheid, wäre er womöglich ängstlich. Wüsste Herr Rosen Bescheid, befände er sich vielleicht in Gefahr.
Deshalb hatte er keine Fragen gestellt. Deshalb hatte Peter keine Erklärungen abgegeben.

»Ich werde jetzt«, sagte Peter und sah auf seine Uhr, »die erste Gruppe anführen. Sie, Sie und Sie.« Er winkte den alten Mann und die beiden jungen Leute mit dem Baby zu sich.
»Inge«, sagte er. Annemarie fiel auf, dass sie Peter Neilsen zum ersten Mal ihre Mutter beim Vornamen hatte nennen hören; bisher war es immer »Frau Johansen« gewesen, oder früher, während seiner glücklichen Verlobungszeit mit Lise, ein gelegentliches »Mama«. Jetzt war es Inge. Als hätte er plötzlich seine Jugend hinter sich gelassen und seinen Platz in der Welt der Erwachsenen einge-

nommen. Ihre Mutter nickte und wartete auf seine Anweisungen.

»Du wartest zwanzig Minuten, dann bringst du die Rosens. Komm auf keinen Fall früher. Je größer der Abstand auf dem Pfad zwischen uns ist, desto geringer ist die Chance, dort entdeckt zu werden.«

Frau Johansen nickte erneut.

»Nachdem du die Rosens bei Henrik abgeliefert hast, gehst du auf direktem Wege zurück nach Hause. Halte dich im Schatten und auf dem rückwärtigen Pfad – aber das weißt du ja längst.

Wenn du mit den Rosens am Boot angekommen bist«, fuhr Peter fort, »werde ich bereits verschwunden sein. Sobald ich meine Gruppe abgeliefert habe, muss ich weiter. Es gibt heute Nacht noch mehr zu tun.«

Er wandte sich Annemarie zu. »Und dir muss ich jetzt Lebwohl sagen.«

Annemarie umarmte ihn. »Aber... werden wir dich bald wieder sehen, Peter?«

»Das hoffe ich«, sagte Peter. »Sehr bald. Und bis dahin darfst du nicht mehr weiterwachsen, sonst wirst du größer sein als ich, Fräulein Langbein!«

Annemarie lächelte, doch Peters Bemerkung klang nicht mehr wie einer seiner leichtherzigen

Späße von früher. Sie war nur der flüchtige Griff nach etwas, das längst verloren war.
Peter gab Mama wortlos einen Kuss. Dann wünschte er den Rosens viel Glück und führte die anderen aus der Tür.
Mama, Annemarie und die Rosens saßen schweigend da. Vor der Tür war eine leichte Unruhe zu hören und Mama ging rasch nach draußen, um nachzusehen. Kurz darauf war sie wieder zurück.
»Nichts passiert«, sagte sie auf die fragenden Blicke hin. »Der alte Mann ist gestolpert. Peter hat ihm wieder auf die Beine geholfen. Es sah nicht so aus, als hätte er sich etwas verletzt. Höchstens seinen Stolz«, fügte sie mit einem schwachen Lächeln hinzu.
Was für ein seltsames Wort: Stolz. Annemarie betrachtete die Rosens, wie sie da saßen in den unförmigen, schlecht sitzenden Kleidungsstücken, auf den Armen die zusammengefalteten, zerlumpten Decken, die Gesichter abgespannt und müde. Sie erinnerte sich an frühere, glücklichere Zeiten: an Frau Rosen, wie sie, das Haar sorgfältig gekämmt und bedeckt, die Sabbatkerzen entzündete und das altertümliche Gebet aufsagte. An Herrn Rosen, wie er in dem großen Sessel im Wohnzimmer saß, seine dicken Bücher studierte oder Haus-

arbeiten korrigierte; wie er seine Brille zurechtrückte und von Zeit zu Zeit aufsah, um sich gutmütig darüber zu beschweren, dass es an ausreichendem Licht mangele. Sie dachte daran, wie Ellen im Schultheater selbstsicher auf den Brettern der Bühne gestanden hatte, jede ihrer Gesten so sicher, die Stimme so klar.

All diese Dinge, Quellen des Stolzes – der Kerzenhalter, die Bücher, die Theaterillusionen –, waren in Kopenhagen zurückgelassen worden. Nichts war den Rosens geblieben, nichts außer der Wärme spendenden Kleidung von ihnen unbekannten Menschen, dem Essen, das Henriks Bauernhof abwarf, und dem vor ihnen liegenden dunklen Pfad, der durch den Wald in die Freiheit führte.

Obwohl niemand ihr das gesagt hatte, wusste Annemarie, dass Onkel Henrik die Rosens mit seinem Boot über die See nach Schweden bringen würde. Sie kannte Frau Rosens Angst vor dem Meer: vor dessen Weite, vor seiner Tiefe, vor der Kälte. Sie wusste, wie sehr Ellen sich vor den Soldaten fürchtete, von denen sie und ihre Eltern sicherlich gesucht wurden, wie sehr sie sich vor ihren Gewehren fürchtete und vor ihren Stiefeln. Und sie wusste, wie ängstlich sie alle in die Zukunft sehen mussten.

Doch ihre Schultern waren so ungebeugt, wie sie es in der Vergangenheit immer gewesen waren: in der Schule, auf der Bühne, am Sabbattisch. Es musste noch andere Quellen des Stolzes geben. Die Rosens hatten nicht alles zurückgelassen.

Wo ist Mama?

Herr Rosen stolperte auf der losen Treppenstufe vor der Küchentür. Seine Frau packte seinen Arm und er fand das Gleichgewicht wieder.
»Es ist sehr dunkel«, flüsterte Mama, als sie im Hof standen, die Decken und die Essenspakete in den Armen, »und wir können kein Licht benutzen. Ich gehe voran – ich kenne den Weg sehr gut –, und ihr folgt mir. Passt auf, dass ihr nicht über die Baumwurzeln stolpert. Tastet euch vorsichtig mit den Füßen voran. Der Pfad ist uneben.
Und seid sehr, sehr leise«, fügte sie überflüssigerweise hinzu.
Auch die Nacht war still. Ein leichter Wind bewegte die Wipfel der Bäume und über die Weide kam das Rauschen der See, das einzige und immerwährende Geräusch hier draußen. Jetzt, in der Nacht, erklangen keine Vogelrufe. Die Kuh ruhte still in der Scheune, oben schlummerte das Kätzchen in Kirstis Armen.

Hier und dort, zwischen dünnen Wolken, tüpfelten Sterne den Himmel, nur der Mond war nicht zu sehen. Annemarie, die am Fuß der Treppe stand, fröstelte.
»Gehen wir«, murmelte Mama und entfernte sich vom Haus.
Einer nach dem anderen wandten die Rosens sich Annemarie zu und umarmten sie. Endlich kam Ellen zu ihr; die beiden Mädchen hielten einander fest.
»Eines Tages komme ich zurück«, flüsterte Ellen bestimmt. *»Versprochen!«*
»Ich weiß«, flüsterte Annemarie und drückte die Freundin an sich.
Dann waren Mama und die Rosens verschwunden. Annemarie war allein und plötzlich musste sie weinen. Sie ging zurück ins Haus und verschloss die Tür vor der Nacht.

Der Sargdeckel war wieder geschlossen. Jetzt lag das Zimmer leer, nichts sprach mehr von den Menschen, die sich während der letzten Stunden hier aufgehalten hatten. Annemarie fuhr sich mit der Rückseite der Hand über die Augen. Sie zog die dunklen Vorhänge zur Seite und öffnete die Fenster, kuschelte sich wieder in den Schaukelstuhl und versuchte sich zu entspannen. In Gedanken war sie bei den anderen. Auch sie kannte den alten Pfad, wenn auch nicht so gut wie ihre Mutter, die ihn in ihrer Kindheit jeden Tag mit ihrem Hund, der hinter ihr her hastete, zurückgelegt hatte. Doch auch Annemarie hatte diesen Weg oft benutzt, um in die Stadt und wieder zurück zu gelangen; sie erinnerte sich an jede Wendung, an die windgebeugten Bäume, deren knorrige Wurzeln hier und dort die Erde in schwarzen Klumpen aus dem Boden drückten, an die dicht stehenden Büsche, die schon im Frühsommer blühten.

Im Geist folgte sie Mama und den Freunden, suchte ihnen einen Weg durch die Dunkelheit. Sie würden, überlegte sie, ungefähr eine halbe Stunde benötigen, bis sie an der Stelle angekommen waren, wo Onkel Henrik sie mit seinem Boot erwartete. Mama würde sie dort zurücklassen und – nach einer kurzen Minute für eine letzte Umarmung – kehrtmachen und nach Hause zurückkommen. Allein, ohne die Rosens, die mit dem Pfad nicht vertraut waren und sich ihren Weg langsam ertasten mussten, würde sie schneller vorankommen. Sicheren Fußes würde Mama sich beeilen, so schnell wie möglich wieder bei ihren Kindern zu sein.

Die Standuhr in der Diele schlug, es war halb drei Uhr morgens. Ihre Mutter würde in einer Stunde

zu Hause sein, entschied Annemarie. Langsam schaukelte sie mit dem Stuhl vor und zurück. Ihre Mutter würde gegen halb vier zu Hause sein.
Sie dachte an Papa, der allein in Kopenhagen zurückgeblieben war. Sicher war auch er gerade wach und wünschte sich, sie begleitet zu haben, auch wenn er wusste, dass er ein ganz alltägliches Leben vorgaukeln musste: die Zeitung im Laden an der Ecke kaufen, frühmorgens ins Büro gehen. Jetzt, in diesem Moment, würde er sich um sie sorgen, die Uhr nicht aus den Augen lassen und auf die Nachricht warten, dass die Rosens in Sicherheit seien, dass Mama und die Mädchen sich auf dem Bauernhof befanden, wo ein neuer Tag beginnen würde: mit Sonnenschein, der durch das Küchenfenster fiel, mit frischer Sahne auf den Haferflocken.
Es war schwerer für die, die zum Warten gezwungen waren. Annemarie wusste das. Für sie mochte weniger Gefahr bestehen, doch dafür war ihre Angst ungleich größer.
Sie gähnte und ihr Kopf fiel nach vorn. Sie glitt in einen Schlaf, der so leicht war wie die Wolken am Nachthimmel, voller Träume, die kamen und gingen wie die Sterne.
Helligkeit weckte sie auf. Doch es war nicht Morgen, noch nicht. Es war nur das erste Anzeichen eines sich gerade aufhellenden Himmels: ein schwa-

ches Leuchten über dem Rand der Weide, ein Hinweis darauf, dass in weiter Ferne, im Osten, wo Schweden in tiefem Schlummer lag, bald der Tag anbrach. Die Morgendämmerung würde auf das schwedische Festland und die Küste fallen, dann würde sie Dänemark in Licht baden und schließlich über die Nordsee weiterwandern, um Norwegen zu wecken.

Annemarie blinzelte verwirrt. Sie setzte sich auf und dann erst fiel ihr ein, wo sie war und warum sie sich hier aufhielt. Mit diesem schwachen Leuchten am Horizont stimmte etwas nicht – eigentlich müsste es immer noch dunkel sein. Es müsste immer noch Nacht sein.

Sie stand auf, streckte die verspannten Glieder und ging hinaus in die Diele, um auf die alte Standuhr zu schauen. Es war bereits nach vier Uhr.

Wo war Mama?

Vielleicht war sie längst nach Hause gekommen, hatte Annemarie nicht wecken wollen und war selbst zu Bett gegangen. Sicher war es so. Mama musste erschöpft gewesen sein; sie war die ganze Nacht auf den Beinen gewesen, hatte den gefährlichen Weg zum Boot zurückgelegt und war durch den dunklen Wald wieder nach Hause gelaufen, von dem einzigen Wunsch erfüllt, sofort zu schlafen.

Rasch stieg Annemarie die kleine Treppe nach oben. Die Tür zu dem Zimmer, in dem sie und Ellen geschlafen hatten, stand offen. Die beiden kleinen Betten waren sorgfältig hergerichtet, von den alten Steppdecken bedeckt, und leer.

Nebenan befand sich Onkel Henriks Zimmer. Auch hier stand die Tür auf, auch hier war das Bett unbenutzt und leer. Trotz ihrer Sorge musste Annemarie lächeln angesichts einiger Kleidungsstücke von Onkel Henrik, die achtlos über einen Stuhl geworfen waren, und eines Paares Schuhe, das mit einer Kruste Scheunenhofdreck überzogen war und auf dem Boden lag.

Er braucht eine Frau, sagte sie zu sich, ihre Mutter nachahmend.

Die Tür zu dem Schlafzimmer, das Kirsti und Mama sich teilten, war geschlossen. Leise, weil sie die beiden nicht wecken wollte, drückte Annemarie sie auf.

Die Ohren des Kätzchens zuckten und stellten sich auf, seine Augen öffneten sich, dann hob es den Kopf und gähnte. Es wand sich aus Kirstis Umarmung heraus, streckte sich und sprang leichtfüßig aus dem Bett, um zu Annemarie zu kommen. Schnurrend strich es gegen ihre Beine.

Kirsti seufzte im Schlaf und drehte sich auf die andere Seite; ihr Arm, so plötzlich der Wärme und

Geborgenheit des Kätzchens beraubt, schlang sich um das Kopfkissen.
Außer ihr lag niemand sonst in dem großen Bett.
Annemarie trat schnell an das Fenster, das die Lichtung überblickte, in die der Pfad mündete. Draußen war es noch immer nicht richtig hell und so blinzelte sie angestrengt in die Dämmerung, versuchte zu sehen, versuchte die Schneise zwischen den Bäumen auszumachen, durch die Mama nach Hause eilen würde.
Nach ein paar Sekunden sah sie etwas, das ihr unbekannt war, etwas, das sich tags zuvor dort nicht befunden hatte. Eine dunkle Gestalt, kaum mehr als ein verwaschener Umriß am Anfang des Pfades. Annemarie kniff die Augen zusammen, zwang sich zu begreifen, was sie begreifen musste, aber nicht begreifen wollte.
Die Gestalt bewegte sich. Und jetzt wusste sie es. Es war ihre Mutter, die dort auf der Erde lag.

Lauf! So schnell du kannst!

Leise, um ihre Schwester nicht zu wecken, rannte Annemarie die Treppen herunter und aus der Küchentür. Ihr Fuß verfing sich in der gelockerten Treppenstufe und sie strauchelte kurz, dann stürzte sie über den Hof zu der Stelle, an der ihre Mutter lag.

»Mama!«, rief sie verzweifelt. »Mama!«

»Psst«, machte Mama und hob den Kopf. »Es geht mir gut.«

»Aber Mama«, sagte Annemarie, neben ihr niederkniend, »etwas stimmt doch nicht. Was ist passiert?«

Ihre Mutter stemmte sich hoch in eine sitzende Haltung. Sie stöhnte vor Schmerz. »Ich bin in Ordnung, wirklich. Mach dir keine Sorgen. Und die Rosens sind bei Henrik. Das ist das Wichtigste.«

Sie lächelte schwach, trotz des Schmerzes, der ihr Gesicht verzerrte, dann biss sie sich auf die Unter-

lippe und das Lächeln erlosch. »Wir sind schnell vorangekommen, obwohl es so dunkel war und die Rosens den Pfad nicht kannten. Henrik erwartete uns bereits auf dem Boot, er hat sie an Bord genommen und innerhalb von Sekunden versteckt. Er sagte, die anderen seien auch schon dort; Peter hatte sie sicher abgeliefert.
Also bin ich nach Hause geeilt. Ich wollte so schnell wie möglich bei euch beiden sein. Ich hätte besser aufpassen müssen.« Während sie leise sprach, wischte sie Gras und Schmutz von ihren Händen.
»Kannst du dir das vorstellen? Ich war schon fast hier – na ja, wenigstens auf halbem Weg –, als ich über eine Wurzel stolperte und hinschlug.«
Mama seufzte. »So ungeschickt!«, sagte sie, als schelte sie sich selbst. »Ich fürchte, ich habe mir den Knöchel gebrochen, Annemarie. Gott sei Dank ist es nichts Schlimmeres. Ein Knöchel verheilt. Und ich bin zu Hause und die Rosens sind bei Henrik.
Du hättest mich sehen sollen, Annemarie«, sagte sie trocken und schüttelte den Kopf. »Deine feine Mama, wie sie Zentimeter um Zentimeter über den dreckigen Waldweg robbt! Wahrscheinlich hat es so ausgesehen, als wäre ich betrunken.«
Sie griff nach Annemaries Arm. »Komm, ich muss

mich an dich lehnen. Wenn du mich auf dieser Seite stützt, schaffe ich es bis ins Haus. Meine Güte, wie ungeschickt ich aber auch bin! Warte, ich leg den Arm um deine Schulter. Du bist ein so gutes, starkes, tapferes Mädchen. Jetzt – ganz langsam. Na bitte.«
Selbst im schwachen Licht der anbrechenden Dämmerung konnte Annemarie sehen, dass Mamas Gesicht weiß war vor Schmerzen. Sie humpelte, alles Gewicht auf ihre Tochter gestützt und immer wieder stehen bleibend, auf das Haus zu.
»Wenn wir in der Küche sind, trinke ich eine gute Tasse Tee, und dann rufen wir einen Arzt. Ich sage ihm, dass ich auf der Treppe ausgerutscht und gefallen bin. Du musst mir dabei helfen, das Gras abzuwaschen und die Zweige zu entfernen. Warte, Annemarie, ich muss kurz ausruhen.«
Sie waren am Haus angekommen. Mama ließ sich auf die Treppenstufen sinken. Sie holte mehrmals tief Luft.
Annemarie saß neben ihr und hielt ihre Hand. »Mama, ich hab mir solche Sorgen gemacht, weil du nicht zurückgekommen bist.«
Mama nickte. »Das dachte ich mir. Die ganze Zeit habe ich daran gedacht, während ich mich über den Pfad schleifte. Aber jetzt bin ich hier, bei dir, in Sicherheit. Alles ist gut. Wie spät ist es?«

»Es muss halb fünf sein oder kurz davor.«

»Dann werden sie bald lossegeln.« Mama wandte den Kopf und sah über die Weide hinweg auf das Meer und den darüber gespannten hohen Himmel. Die Sterne waren schon nicht mehr zu sehen, nur der blasse Himmel, dessen unterer Rand sich gerade rosig färbte. »Bald werden auch sie in Sicherheit sein.«

Annemarie entspannte sich. Sie streichelte die Hand ihrer Mutter und schaute nach unten auf den weißen, geschwollenen Knöchel.

»Mama, was ist das?«, fragte sie plötzlich. Sie griff in das Gras, das unterhalb der Stufen wuchs.

Mama keuchte. »O mein Gott!«, sagte sie.

Annemarie hob es auf. Jetzt erkannte sie, was es war. Es war das Päckchen, das Peter Herrn Rosen gegeben hatte.

»Herr Rosen ist auf der Treppe gestolpert, erinnerst du dich? Es muss ihm aus der Tasche gefallen sein. Wir müssen es aufheben und Peter zurückgeben.« Annemarie überreichte es ihrer Mutter. »Weißt du, was das ist?«

Ihre Mutter gab keine Antwort. Ihr Gesicht war wie versteinert. Sie sah zum Pfad hinüber und dann zurück auf ihren Knöchel.

»Es ist wichtig, Mama, oder? Es war für Onkel Henrik bestimmt. Ich weiß noch, dass Peter sagte, es sei sehr wichtig. Ich hab gehört, wie er das zu Herrn Rosen gesagt hat.«

Ihre Mutter versuchte, sich zu erheben, fiel aber mit einem Stöhnen wieder auf die Stufen zurück.

»Mein Gott«, murmelte sie erneut. »Jetzt war vielleicht alles umsonst.«

Annemarie nahm ihr das Päckchen aus der Hand und stand auf. »Ich bringe es ihnen«, sagte sie. »Ich kenne den Weg und es ist schon fast hell. Ich kann rennen wie der Wind.«

Mama sprach schnell, mit gepresster Stimme. »Annemarie, geh ins Haus und nimm den kleinen Korb vom Küchentisch. Schnell, schnell! Leg einen Apfel hinein und etwas Käse. Das Päckchen versteckst du ganz zuunterst, verstanden? *Beeil dich!*«

Annemarie tat sofort, was ihr aufgetragen wurde. Der Korb. Das Päckchen nach ganz unten. Sie bedeckte es mit einer Stoffserviette. Dann etwas eingewickelter Käse. Ein Apfel. Sie sah sich in der Küche um, bemerkte ein Stück Brot und legte es noch dazu. Jetzt war der kleine Korb voll. Sie brachte ihn nach draußen zu ihrer Mutter.

»Du musst zum Boot laufen. Wenn dich jemand aufhält – «

»Wer sollte mich aufhalten?«

»Annemarie, du musst dir klarmachen, wie gefährlich das ist! Wenn du von Soldaten gesehen wirst, wenn sie dich anhalten, dann musst du so tun, als seist du bloß ein kleines Mädchen. Ein hohlköpfiges, dummes kleines Mädchen, das einem Fischer sein Mittagessen bringt, Brot und Käse, die dieser Dummkopf zu Hause vergessen hat.«

»Mama, was ist in dem Päckchen drin?«

Doch noch immer gab ihre Mutter auf diese Frage keine Antwort. *»Los!«*, sagte sie mit fester Stimme. »Geh jetzt, sofort. Und *lauf!* Lauf, so schnell du kannst!«

Annemarie gab ihrer Mutter einen raschen Kuss, schnappte den Korb aus ihrem Schoß, drehte sich um und rannte auf den Pfad zu.

Auf dunklem Pfad

Erst jetzt, als sie den Fußweg in den Wald nahm, fiel Annemarie auf, wie kalt die Dämmerung war. Sie hatte, als die anderen Pullover, Jacken und Mäntel angezogen hatten, geholfen und alles beobachtet und sie hatte hinaus in die Nacht gesehen, war ihnen mit den Augen gefolgt, als sie still, eingehüllt in die unförmige Kleidung und mit Decken auf den Armen, davongegangen waren.
Doch sie selbst trug nur einen leichten Pullover über ihrem Kleid. Später würde das Sonnenlicht den Oktobertag erwärmen; jetzt aber war er noch grau, kalt und klamm. Sie fröstelte.
Der Pfad beschrieb eine Kurve, so dass sie den Blick nicht mehr zurückwenden und die Lichtung mit dem Bauernhaus sehen konnte, das sich gegen den blassen Himmel und die dahinter liegende hellere Weide abhob. Vor ihr lag nur der dunkle Wald, der Pfad, von armdicken Wurzeln durchzogen, war unter Herbstlaub versteckt und so gut wie unsicht-

bar. Ihre Füße suchten den Weg, Annemarie versuchte dabei nicht zu stolpern.
Der Griff des Korbes aus geflochtenem Stroh kratzte sie durch ihren Pulli hindurch am Arm. Sie verschob ihn und versuchte zu laufen.
Ihr fiel das Märchen ein, das sie Kirsti oft erzählt hatte, wenn sie abends aneinander gekuschelt im Bett lagen.
»Es war einmal ein kleines Mädchen«, erzählte sie jetzt leise sich selbst, »das besaß ein wunderschönes Käppchen aus rotem Samt. Die Mutter hatte es ihm gemacht.
Das Mädchen trug das Käppchen so oft, dass es von allen schon bald nur noch Rotkäppchen gerufen wurde.«
Das war die Stelle, an der Kirsti sie regelmäßig unterbrach. »Warum war es ein Käppchen?«, würde sie fragen. »Warum war es kein Hut?«
»Na ja, vielleicht... weil eine Kappe den ganzen Kopf bedeckt. Rotkäppchen hatte wunderschöne Locken, genau wie du, Kirsti. Vielleicht macht Mama dir auch eines Tages ein Käppchen, das deine Locken bedeckt und dich warm hält.«
»Wenn seine Locken so schön waren, warum musste es dann ein Käppchen draufsetzen? Wenn ihm kalt war, warum hatte es dann keinen roten Mantel?«

»Vielleicht besaß Rotkäppchen auch einen roten Mantel, den es ab und zu trug, aber in dieser Geschichte hat es nur ein rotes Käppchen! Und jetzt hör endlich damit auf, mich ständig zu unterbrechen.«

Während sie sich ihren Weg durch die Dunkelheit ertastete, musste Annemarie lächeln. Kirsti unterbrach *jedes* Märchen, um Fragen zu stellen. Manchmal wollte sie einfach, dass die Geschichten länger dauerten.

Das Märchen ging weiter. »Eines Tages sagte die Mutter des kleinen Mädchens: ›Ich möchte, dass du diesen Korb voller Speisen der Großmutter bringst. Sie ist krank und liegt zu Bett. Komm, lass mich dir dein rotes Käppchen aufsetzen.‹«

»Die Großmutter lebte in einem tiefen, dunklen Wald, oder?«, würde Kirsti fragen. »In einem *gefährlichen* Wald, in dem es Wölfe gab!«

Annemarie hörte ein leises Geräusch – ein Eichhörnchen vielleicht oder ein vorbeihoppelndes Kaninchen. Sie hielt inne, blieb auf dem Pfad stehen und lächelte erneut. Kirsti hätte jetzt Angst bekommen. Sie hätte nach Annemaries Hand gegriffen und geflüstert: »Ein Wolf!« Doch Annemarie wusste, dass dieser Wald nicht den Wäldern aus den Märchen glich. Hier gab es keine Wölfe, Bären oder Tiger, es gab keines der vielen Ungeheuer, die Kirstis lebhafte Phantasie bevölkerten. Sie eilte weiter.

Dennoch, dieser Wald war sehr dunkel. Annemarie war dem Pfad nie zuvor im Dunkeln gefolgt. Sie hatte ihrer Mutter versprochen, dass sie laufen würde. Und das versuchte sie jetzt.

Der nächste Knick, den der Pfad machte, war ihr bekannt, obwohl er ihr in der Dunkelheit fremd vorkam. Wenn sie nach links weiterlief, würde sie an einer Straße herauskommen, die heller und breiter war. Und mehr begangen und damit gefährlicher. Auf der Straße konnte sie gesehen werden. Um diese frühe Stunde waren die Fischer unterwegs, sie eilten zu ihren Booten, um einen weiteren, langen Tag auf See zu verbringen. Und Soldaten mochten dort ebenfalls unterwegs sein.

Also folgte sie dem Pfad nach rechts, wo er sie tiefer in den Wald führte. Dies war der Grund, warum Mama und Peter die anderen hatten führen müssen. Eine falsch genommene Abzweigung hätte sie in Gefahr gebracht.

»So trug Rotkäppchen den Korb voller Speisen und sie eilte sich, den Wald zu durchqueren. Es war ein schöner Morgen, überall sangen Vögel und Rotkäppchen fiel in den Gesang ein.«

Manchmal änderte sie, wenn sie Kirsti die Geschichte erzählte, diesen Teil des Märchens ab.

Einmal regnete es, dann wieder war der Wald sogar verschneit. Manchmal war es ein Abend voller langer, Furcht einflößender Schatten, so dass Kirsti sich noch dichter an sie schmiegte und ihre Arme um Annemarie schlang. Doch jetzt, als sie sich selbst das Märchen erzählte, füllte sie die Geschichte mit Sonnenlicht und Vogelgezwitscher.
Der Pfad wurde jetzt breiter und ebener, an dieser Stelle öffnete sich der Wald zur See und der Pfad schlängelte sich, an einer Weide vorbei, den Strand entlang. Hier konnte sie, was sie auch sofort tat, endlich laufen. Bei Tage bevölkerten Kühe diese Weide; an Sommernachmittagen blieb Annemarie regelmäßig am Zaun stehen, um ihnen eine Handvoll Gras entgegenzuhalten, das die neugierigen Tiere sich mit ihren rauen Zungen holten.
Mama hatte erzählt, dass sie früher als Kind auf dem Weg zur Schule ebenfalls hier stehen geblieben war. Ihr Hund Trofast hatte sich dann unter dem Zaun hindurchgezwängt und war mit aufgeregtem Bellen auf die Weide gestürmt, um Kühe zu jagen, die ihn jedoch immer ignorierten.
Jetzt lag die Weide verlassen und trostlos im Zwielicht. Annemarie hörte die anbrandende See und im Osten, über Schweden, konnte sie das erste Tageslicht sehen. Sie rannte, so schnell sie konnte, die

Augen vorausgerichtet auf der Suche nach der Stelle, wo erneut der Wald begann, durch den das letzte Stück des Pfades in die Stadt führte.

Da vorn. Das Unterholz war so dicht zusammengewachsen, dass es schwierig war, den Pfad zu erkennen. Doch sie fand den Zugang neben den hohen Blaubeerbüschen – wie oft war sie im vergangenen Sommer hierher gekommen, um eine Handvoll süßer Beeren zu pflücken! Hände und Mund waren danach ganz blau gewesen, Mama hatte immer lachen müssen, wenn sie nach Hause kam.

Und wieder wurde es dunkel, als Büsche und Bäume sich um sie schlossen, und sie musste sich vorsichtiger bewegen, obwohl sie noch immer zu laufen versuchte.

Annemarie dachte an Mama: der Knöchel war so geschwollen gewesen, das Gesicht so schmerzverzerrt. Sie hoffte, dass Mama inzwischen den Arzt verständigt hatte. Der örtliche Arzt war ein alter Mann, kurz angebunden, geschäftsmäßig, doch mit warmen Augen. Mehr als einmal hatte er in den zurückliegenden Jahren mit seinem verbeulten, laut dröhnenden Wagen den staubigen Weg zum Bauernhaus zurückgelegt. Einmal war er gekommen, als Kirsti, damals noch ein winziges Baby, an einer Ohrenentzündung erkrankt war und ununterbrochen geweint hatte. Und er war gekommen, als Lise beim Zubereiten des Frühstücks heißes Fett verschüttet und sich dabei die Hand verbrannt hatte.

Annemarie bog erneut ab, als der Pfad sich zum zweiten Mal gabelte. Wenn sie die Abzweigung nach links nahm, würde sie direkt in die Stadt gelangen; es war der Weg, den sie gegangen waren, als sie vom Bahnhof kamen, der Weg, den Mama als Schulmädchen benutzt hatte. Doch Annemarie wandte sich nach rechts und lief schnurstracks auf den Hafen zu, wo die Schiffe und Fischerboote vor Anker lagen. Auch diesen Weg hatte sie schon oft benutzt, manchmal am späten Nachmittag, um Onkel Henriks Boot, die *Ingeborg*, zwischen den unzähligen Heimkehrern auszumachen. Dann hatte sie ihrem Onkel und dessen Helfern dabei zugesehen, wie sie ihren Tagesfang verluden, schlüpfrige, glänzende Heringe, die noch in den Fässern zappelten.

Selbst jetzt konnte sie, obwohl die Boote, die im Hafen zum Auslaufen bereit lagen, noch keinen Fisch geladen hatten, den öligen, salzigen Heringsgeruch wahrnehmen, der hier stets in der Luft hing.

Nun war es nicht mehr weit und endlich wurde es auch heller. Sie lief jetzt beinahe so schnell, wie sie beim Schulrennen am letzten Freitag gelaufen war – beinahe so schnell, wie sie an jenem Tag in Kopenhagen über den Gehsteig gelaufen war, als der Soldat sie mit seinem lauten »Halt!« gestoppt hatte.

Annemarie erzählte sich selbst das Märchen weiter. »Und als Rotkäppchen durch den Wald ging, hörte es plötzlich ein Geräusch. Aus den Büschen erklang ein Rascheln.«

»Der Wolf!«, würde Kirsti, wohlig erschauernd, an dieser Stelle rufen. »Ich weiß, dass es der böse, böse Wolf ist!«

Diesen Teil der Geschichte versuchte Annemarie jedesmal besonders lang hinauszuzögern, um die Spannung zu erhöhen und um ihre Schwester auf die Folter zu spannen. »Sie wusste nicht, wer oder *was* es war. Mitten auf dem Weg blieb sie stehen und lauschte. Etwas folgte ihr ... hinter den Büschen. Rotkäppchen hatte jetzt wirklich sehr, sehr, *sehr* große Angst!«

Sie würde sich unterbrechen und für einen Moment schweigen, während Kirsti, die neben ihr im Bett lag, die Luft anhielt.

»Und dann«, würde sie mit leiser, drohender Stimme weitersprechen, »hörte sie ein *Knurren*!«

Plötzlich blieb Annemarie stocksteif auf dem Pfad stehen. Unmittelbar vor ihr lag eine Kurve. Dahinter, das wusste sie, begann das Meer. Dort angekommen, würde der Wald hinter ihr liegen und vor ihr der Hafen, mit seinen Docks und unzähligen Fischerbooten. Und nicht mehr lange, dann würde dort lärmendes Treiben herrschen: Motoren würden angeworfen werden, die Fischer sich laut unterhalten, Möwen kreischen.

Doch es war etwas anderes, das sie gehört hatte. Aus den Büschen kam ein Rascheln. Sie vernahm Schritte. Und sie hörte – und sie war sicher, sich das nicht einzubilden – ein lautes Knurren.

Vorsichtig machte sie einen Schritt nach vorn. Und noch einen. Sie ging auf die Kurve zu und die Geräusche wurden lauter.

Dann standen sie ihr direkt gegenüber. Vier bewaffnete Soldaten. Und zwei große Hunde, an straff gespannten Leinen, mit funkelnden Augen und gefletschten Zähnen.

Mein Hund wittert Fleisch

Annemaries Gedanken wirbelten durcheinander. Sie erinnerte sich an das, was ihre Mutter gesagt hatte: »Wenn jemand dich anhält, dann tust du so, als wärst du nichts weiter als ein kleines, dummes Mädchen.«
Sie starrte die Soldaten an. Sie dachte daran, wie verängstigt sie die anderen Soldaten, von denen sie in Kopenhagen auf der Straße angehalten worden war, angeschaut hatte.
Kirsti hatte keine Angst gehabt. Kirsti war – nun, sie war nicht mehr gewesen als ein kleines, dummes Mädchen, und wütend noch dazu, weil einer der Soldaten ihr an jenem Nachmittag über das Haar gestreichelt hatte. Sie war sich keiner Gefahr bewusst gewesen und der Soldat hatte nur amüsiert über sie gelächelt.
Mit all ihrer Kraft zwang Annemarie sich dazu, sich so zu verhalten, wie Kirsti es tun würde.
»Guten Morgen«, sagte sie langsam.

Schweigend musterten sie Annemarie von oben bis unten. Die Hunde waren angespannt und wachsam. Die zwei Soldaten, deren Hände die Leinen hielten, trugen dicke Handschuhe.
»Was hast du hier zu suchen?«, fragte einer der beiden.
Annemarie hielt ihm den Korb entgegen, aus dem der große Brotlaib herausschaute. »Mein Onkel Henrik hat sein Mittagessen vergessen, ich bringe es ihm. Er ist Fischer.«
Die Soldaten sahen sich um, ihr suchender Blick fiel hinter Annemarie auf die zu beiden Seiten des Pfades wachsenden Büsche.
»Bist du allein?«
Annemarie nickte. »Ja«, sagte sie. Einer der Hunde knurrte. Und ihr fiel auf, dass beide Hunde ihren Korb beäugten.
Einer der Soldaten trat auf sie zu. Die anderen, darunter die zwei mit den Hunden, blieben, wo sie waren.
»Du bist vor Tagesanbruch unterwegs, um jemandem ein Mittagessen zu bringen? Warum isst dein Onkel keinen Fisch?«
Was würde Kirsti antworten? Annemarie versuchte zu kichern, so wie ihre Schwester es höchstwahrscheinlich tun würde. »Onkel Henrik kann Fisch nicht ausstehen«, sagte sie lachend. »Er

sagt, er müsste sich den ganzen Tag Fische ansehen, und außerdem müsste er sie auch noch den ganzen Tag *riechen*. Und roh würde er Fisch sowieso nicht essen!« Sie verzog das Gesicht. »Also, vielleicht würde er es tun, wenn er am Verhungern wäre. Aber ansonsten isst Onkel Henrik immer nur Brot und Käse zum Mittag.«

Weiterplappern, befahl sie sich, genau wie Kirsti es tun würde. Ein dummes kleines Mädchen. »*Ich* mag Fisch«, fuhr sie fort. »Am liebsten, wenn meine Mutter ihn kocht. Manchmal wälzt sie ihn vorher in Paniermehl und – «

Der Soldat griff nach dem knusprigen Brot, nahm es aus dem Korb und untersuchte es sehr sorgfältig. Dann zerbrach er es in zwei Hälften, die er mit den Fäusten auseinander riss.

So etwas würde Kirsti in Wut versetzen, das wusste Annemarie. »*Nicht!*«, schrie sie zornig. »Das ist Onkel Henriks Brot! Meine Mutter hat es für ihn gebacken!«

Der Soldat beachtete sie nicht. Er warf die Brothälften zu Boden, genau vor die beiden Hunde. Sie verschlangen es gierig – schnappten danach, so dass das Brot mit einem Happs verschwunden war.

»Hast du jemanden im Wald gesehen?«, bellte der Soldat.

»Nein. Nur Sie.« Annemarie starrte ihn an. »Was machen Sie überhaupt hier im Wald? Wegen Ihnen komme ich zu spät. Onkel Henrik wird mit seinem Boot auslaufen, bevor ich ihm sein Mittagessen geben kann. Oder das, was davon übrig ist.«

Der Soldat griff nach dem Käse. Er wendete ihn in der Hand hin und her. Dann ging er damit zu den anderen Soldaten und fragte sie etwas in ihrer eigenen Sprache.

Einer von ihnen antwortete ein gelangweiltes »Nein«. Das war ein Wort, das Annemarie kannte. Wahrscheinlich war er gefragt worden, ob er den Käse haben wollte oder ob die Hunde ihn bekommen sollten.

Der Soldat hielt den Käse noch immer fest, er ließ ihn von einer Hand in die andere gleiten.

Annemarie stieß ein aufgebrachtes Seufzen aus. »Kann ich jetzt gehen?«, fragte sie ungeduldig.

Der Soldat nahm den Apfel aus dem Korb, bemerkte, wie fleckig er war, und verzog angewidert das Gesicht.

»Kein Fleisch?«, fragte er und musterte den Korb und die den Boden bedeckende Serviette.

Annemarie schenkte ihm einen vernichtenden Blick. »Sie wissen genau, dass wir kein Fleisch haben«, sagte sie frech. »Ihre Armee hat ganz Dänemark das Fleisch weggegessen!«

Bitte, bitte, flehte sie in Gedanken. Lass ihn nicht die Serviette hochheben!
Der Soldat lachte. Er ließ den Apfel zu Boden fallen. Einer der Hunde schob sich nach vorn, er zerrte an seiner Leine, beschnupperte den Apfel und wich wieder zurück. Doch immer noch beäugten beide Hunde den Korb, die Ohren gespitzt, die Mäuler offen. Die glatten, rosafarbenen Rachen glänzten von Speichel.
»Mein Hund wittert Fleisch«, sagte der Soldat.
»Die riechen Tiere aus dem Wald«, gab Annemarie zurück. »Sie sollten mit ihnen auf die Jagd gehen.«
Der Soldat streckte eine Hand aus, als wolle er den Käse in den Korb zurücklegen. Doch das tat er nicht. Statt dessen zog er die geblümte Serviette daraus hervor.
Annemarie erstarrte.
»Dein Onkel isst nicht besonders viel zu Mittag«, sagte der Soldat höhnisch und wickelte den Käse in die Serviette ein. »Gerade mal so viel wie eine Frau«, fügte er verächtlich hinzu.
Sein Blick blieb am Korb hängen. Er reichte dem neben ihm stehenden Soldaten die Serviette und den Käse. »Was ist das? Da unten am Boden?« fragte er mit plötzlich veränderter, angespannter Stimme.

Was würde Kirsti tun? Annemarie stampfte mit einem Fuß auf. Plötzlich, zu ihrer eigenen Überraschung, begann sie zu weinen.
»Weiß ich nicht!«, rief sie mit erstickter Stimme. »Meine Mutter wird wütend auf mich sein, weil Sie mich aufgehalten haben und ich zu spät gekommen bin. Und von Onkel Henriks Mittagessen ist nichts mehr übrig, also wird der auch noch böse werden!«
Die Hunde winselten und zerrten an ihren Leinen, um an den Korb zu kommen. Einer der anderen Soldaten sagte etwas in deutscher Sprache.
Der Soldat ergriff das Päckchen. »Warum war das so sorgfältig versteckt?«, schnappte er.
Annemarie wischte sich mit einem Ärmel ihres Pullovers über die Augen. »Das war genauso wenig versteckt wie die Serviette. Ich weiß nicht, was es ist.« Und das, fiel ihr jetzt ein, war die Wahrheit. Sie hatte keine Ahnung von dem, was sich in dem Päckchen befand.
Der Soldat zerriss das Verpackungspapier, während die Hunde die Zähne fletschten, sich in ihre Leinen warfen und daran zogen und zerrten. Unter ihrem glatten, kurzhaarigen Fell zeichnete sich jeder einzelne Muskel ab.
Der Soldat sah in das Päckchen und blitzte Annemarie an. »Hör auf zu heulen, du kleine Idiotin!«,

fuhr er sie an. »Deine dumme Mutter hat deinem Onkel ein Taschentuch eingepackt. In Deutschland haben die Frauen Besseres zu tun. Sie sitzen nicht zu Hause und nähen Taschentücher für ihre Männer.«

Er wedelte mit dem gefalteten weißen Stoff und gab ein kurzes, abgehacktes Lachen von sich. »Wenigstens hat sie keine Blümchen drauf gestickt.«

Er ließ das noch halb verpackte Taschentuch neben den Apfel fallen. Die Hunde sprangen nach vorn, beschnüffelten es und zogen sich, einmal mehr enttäuscht, gleich wieder zurück.

»Hau ab«, sagte der Soldat. Er warf den Käse und die Serviette zurück in den Korb. »Geh zu deinem Onkel und erzähl ihm, wie gut den deutschen Hunden sein Brot geschmeckt hat.«

Die Soldaten drückten sich an ihr vorbei. Einer von ihnen lachte und sie redeten miteinander in ihrer eigenen Sprache. Dann hatte der Pfad, den sie in die Richtung gingen, aus der Annemarie gekommen war, sie auch schon verschluckt.

Schnell hob sie den Apfel und das offene Päckchen mit dem darin befindlichen weißen Taschentuch auf. Sie legte beides in den Korb und lief um die Kurve herum auf den Hafen zu, über dem bereits die Morgensonne am Himmel stand und wo die ersten Bootsmaschinen lautstark aufheulten.

Die *Ingeborg* war noch da, sie lag festgezurrt am Dock und auch Onkel Henrik war da. Die hellen Haare vom Wind zerzaust, kniete er vor seinen Netzen. Als Annemarie seinen Namen rief, stand er auf und trat an den Bootsrand. Sein Gesicht verzog sich besorgt, als er sie auf dem Dock erkannte.

Sie reichte ihm den Korb hin. »Mama schickt dir dein Mittagessen«, sagte sie mit bebender Stimme. »Aber ich wurde von Soldaten aufgehalten und die haben dein Brot weggenommen.« Sie wagte nicht, ihm mehr zu berichten.

Erleichterung huschte über Henriks Gesicht, als er einen raschen Blick in den Korb warf, und sie wusste, dass der Grund für diese Erleichterung das Päckchen war, das sich darin befand, auch wenn es aufgerissen war.

»Danke«, sagte er und sogar aus seiner Stimme sprach Erleichterung.

Annemarie schaute sich auf dem ihr wohl bekannten Boot um. Sie sah den Gang, der zu der einzelnen, leeren Kabine führte. Von den Rosens oder den anderen war keine Spur zu sehen. Onkel Henrik war ihrem verwirrten Blick gefolgt.

»Es ist alles in Ordnung«, sagte er sanft. »Mach dir keine Sorgen. Alles ist in Ordnung.

Ich war mir nicht sicher«, sagte er. »Aber jetzt« – er

betrachtete den Korb in seinen Händen – »dank dir, Annemarie, ist alles in Ordnung.
Du gehst jetzt nach Hause. Sag deiner Mutter, sie könne unbesorgt sein. Ich sehe euch heute Abend.«
Plötzlich grinste er sie an. »Mein Brot haben sie sich genommen, he?«, sagte er. »Hoffentlich ersticken sie daran.«

Ein wenig werde ich dir verraten

»Die arme Blüte!«, sagte Onkel Henrik lachend nach dem Abendessen. »Schlimm genug, dass eure Mutter sie melken sollte, obwohl sie schon jahrelang aus der Übung ist. Aber dass Annemarie es getan hat, und das zum ersten Mal! Es hätte mich wirklich nicht gewundert, wenn Blüte dich getreten hätte!«

Mama stimmte in sein Lachen ein. Sie saß in einem bequemen Stuhl, den Onkel Henrik aus dem Wohnzimmer geholt und in eine Ecke der Küche gestellt hatte. Ihr Bein, bis zum Knie eingegipst, ruhte auf einem Hocker.

Annemarie machte es nichts aus, dass sie lachten. Es *war* lustig gewesen. Als sie auf dem Bauernhof angekommen war – sie hatte die Straße genommen, um den Soldaten aus dem Weg zu gehen, die sich immer noch im Wald aufhalten mochten; außer Gefahr, jetzt, da sie nichts mehr bei sich trug –, waren Mama und Kirsti nicht zu Hause gewesen.

Eine hastig gekritzelte Nachricht von Mama besagte, dass der Doktor sie mit seinem Wagen zum Krankenhaus gebracht hatte und sie bald zurück sein würden.

Doch der Lärm, den die von allen vergessene, nicht gemolkene und sich unwohl fühlende Blüte in der Scheune veranstaltete, hatte Annemarie argwöhnisch zum Milcheimer greifen lassen. Sie hatte ihr Bestes versucht, um Blütes irritiertes Schnauben und deren heftig schaukelnden Kopf nicht zu beachten, hatte sich in Erinnerung gerufen, wie Onkel Henriks Hände in kräftigem, gleichmäßig ziehendem Rhythmus gearbeitet hatten. Und sie hatte gemolken.

»Ich hätte das auch geschafft«, verkündete Kirsti. »Man muss nur dran ziehen und die Milch spritzt raus. Das hätte ich *spielend* geschafft!«

Annemarie verdrehte die Augen. Das würde ich gerne sehen, dachte sie.

»Kommt Ellen wieder?« Kirsti hatte die Kuh bereits vergessen. »Sie hat gesagt, sie würde meiner Puppe ein Kleid nähen.«

»Annemarie und ich werden dir dabei helfen«, sagte Mama. »Ellen musste mit ihren Eltern gehen. War das nicht eine nette Überraschung, dass die Rosens letzte Nacht hier auftauchten, um sie abzuholen?«

»Sie hätte mich wenigstens wecken und auf Wiedersehen sagen können«, grummelte Kirsti, die so tat, als löffele sie ihrer neben ihr sitzenden Puppe Essen in den aufgemalten Mund.
»Annemarie«, sagte Onkel Henrik. Er erhob sich und schob seinen Stuhl zurück. »Wenn du Lust hast, kannst du mit mir in die Scheune kommen, dann gebe ich dir Nachhilfe im Kühemelken. Wasch dir aber vorher die Hände.«
»Ich will auch«, sagte Kirsti.
»Nein, du nicht«, sagte Mama. »Nicht jetzt. Du musst mir hier zur Hand gehen, ich kann ja nicht so gut laufen. Du bist meine Krankenschwester.«
Kirsti zögerte, unschlüssig, ob sie einen Streit vom Zaun brechen sollte. Dann sagte sie: »Wenn ich groß bin, will ich Krankenschwester werden, nicht Kuhmelkerin. Also bleibe ich hier und kümmere mich um Mama.«
Wie üblich gefolgt von dem Kätzchen, ging Annemarie durch den feinen Nieselregen, der seit einiger Zeit fiel, mit Onkel Henrik zur Scheune. Es kam ihr so vor, als wackele Blüte angesichts von Onkel Henrik glücklich mit dem Kopf, weil sie wusste, dass sie jetzt wieder in guten Händen war.
Sie setzte sich auf einen Haufen gestapeltes Heu

und sah ihm beim Melken zu. Doch ihre Gedanken kreisten um etwas ganz anderes.
»Onkel Henrik«, fragte sie, »wo sind die Rosens und die anderen geblieben? Ich dachte, du wolltest sie mit deinem Boot nach Schweden bringen. Aber sie waren gar nicht dort.«
»Doch, das waren sie«, sagte er, gegen die Flanke der Kuh gelehnt. »Aber das solltest du eigentlich nicht wissen. Du weißt bestimmt noch, dass ich dir gesagt habe, es sei besser, nichts zu wissen.
Aber«, fuhr er fort, die Hände in sicherer und geübter Bewegung, »ein wenig werde ich dir verraten, weil du so tapfer warst.«
»Tapfer?«, fragte Annemarie überrascht. »Aber das war ich gar nicht. Ich habe mich schrecklich gefürchtet.«
»Du hast dein Leben riskiert.«
»Aber daran habe ich überhaupt nicht gedacht. Ich dachte nur an –«
Lächelnd unterbrach er sie. »Genau das ist es, was Tapferkeit ausmacht – nicht an die Gefahr zu denken. Sich nur auf das zu konzentrieren, was zu tun ist. Natürlich hattest du Angst. Die hatte ich heute auch. Aber du hast dich davon nicht ablenken lassen, genauso wenig wie ich. Jetzt lass mich dir von den Rosens erzählen.
Viele Fischer haben Verstecke in ihre Boote einge-

baut. So wie ich. Unter Deck. Man muß nur an den richtigen Stellen ein paar Planken hochheben, dann findet man darunter genug Raum für ein paar Leute. Peter und mit ihm andere Männer und Frauen, die ebenfalls im Widerstand arbeiten, bringen mir und anderen Fischern die Leute. Es gibt viele Menschen, die ihnen auf dem Weg nach Gilleleje helfen und sie zeitweilig verstecken.«

Annemarie war völlig überrascht. »Peter gehört dem Widerstand an? Aber natürlich! Ich hätte es wissen müssen! Er bringt Mama und Papa die verbotene Zeitung *De Frei Danske*. Und er scheint sich nirgendwo länger aufzuhalten. Da hätte ich auch selbst drauf kommen können!«

»Er ist ein sehr, sehr tapferer junger Mann«, sagte Onkel Henrik. »Das sind sie alle.«

Annemarie runzelte die Stirn in Erinnerung an das leere Boot am vergangenen Morgen. »Waren die Rosens und die anderen schon unter Deck, als ich dir den Korb gebracht habe?«

Onkel Henrik nickte.

»Ich habe keinen Mucks gehört«, sagte Annemarie.

»Das konntest du auch nicht. Sie mussten sich viele Stunden lang absolut ruhig verhalten. Das Baby hatte das Schlafmittel bekommen, damit es nicht aufwachen und schreien konnte.«

»Konnten sie mich hören, als ich mit dir gesprochen habe?«

»Ja. Ellen hat mir später gesagt, dass sie dich gehört hat. Und sie haben auch die Soldaten gehört, die gekommen sind, um das Boot zu durchsuchen.«

Annemaries Augen weiteten sich. »Es waren Soldaten da?«, fragte sie. »Ich dachte, sie wären in die andere Richtung gegangen, nachdem sie mich angehalten hatten.«

»Es gibt viele Soldaten in Gilleleje und entlang der Küste. Inzwischen durchsuchen sie jedes einzelne Boot. Sie wissen, dass die Juden flüchten, aber sie entdecken sie nur sehr selten. Die Verstecke sind sorgfältig verborgen und meistens kippen wir auch noch tote Fische über Deck. Sie hassen es, sich ihre frisch geputzten Stiefel dreckig zu machen.«

Er wandte sich ihr zu und grinste.

Annemarie dachte an die glänzenden Stiefel, die ihr auf dem dunklen Pfad den Weg versperrt hatten.

»Onkel Henrik«, sagte sie, »du hast sicher Recht, ich sollte nicht alles wissen. Aber, bitte, kannst du mir nicht sagen, was es mit dem Taschentuch auf sich hat? Ich weiß, dass dieses Päckchen furchtbar wichtig war, deswegen bin ich durch den Wald gerannt und habe es dir gebracht. Nur dachte ich, es wäre vielleicht eine Landkarte oder so etwas. Was kann an einem Taschentuch so wichtig sein?«

Er stellte den gefüllten Eimer beiseite und rieb das Euter der Kuh mit dem feuchten Tuch ab. »Nur wenige Menschen wissen das, Annemarie«, sagte er mit ernstem Gesicht. »Aber die Soldaten sind so wütend, weil die Juden ihnen entwischen, dass sie jetzt damit begonnen haben, abgerichtete Hunde einzusetzen.«

»Ja, sie hatten Hunde! Die auf dem Pfad, die mich angehalten haben!«

Onkel Henrik nickte. »Die Hunde sind darauf trainiert, mit ihrem Geruchssinn Menschen in Verstecken aufzuspüren. Erst gestern ist das auf zwei anderen Booten wieder passiert. Diese verdammten Köter lassen sich von totem Fisch gar nicht stören, sie finden den menschlichen Geruch trotzdem.

Das hat uns alle in große und tiefe Sorge versetzt. Wir dachten schon, es bedeute das Ende der Flucht in Booten nach Schweden.

Es war Peter, der mit diesem Problem Ärzte und Wissenschaftler aufgesucht hat. Einige der besten Köpfe haben Tag und Nacht daran gearbeitet, schnell eine Lösung zu finden.

Und sie haben eine ganz spezielle Droge entwickelt. Ich weiß nicht, was es ist. Aber es war in dem Taschentuch. Zunächst zieht es die Hunde an, aber wenn sie dann daran schnuppern, zerstört es kurz-

fristig ihren Geruchssinn. Kaum zu glauben, oder?«
Annemarie dachte daran, wie die Hunde sich auf das Taschentuch gestürzt, daran geschnüffelt und sich sofort wieder abgewandt hatten.
»Wir haben es Peter zu verdanken, dass inzwischen jeder Kapitän ein solches Taschentuch besitzt. Wenn die Soldaten auf unsere Boote kommen, ziehen wir einfach das Taschentuch aus der Hosentasche. Die Deutschen denken wahrscheinlich, wir wären alle erkältet! Die Hunde schnüffeln daran, schnüffeln an den Taschentüchern in unseren Händen, und dann streifen sie über die Boote und finden nichts. Weil sie nicht mehr riechen können.«
»Hatten die von heute morgen auch Hunde dabei?«
»Ja. Du warst noch keine zwanzig Minuten fort. Ich wollte gerade mit dem Boot ablegen, als die Soldaten kamen und mir befahlen, anzuhalten. Sie kamen an Bord, durchsuchten alles und fanden nichts. Aber da hatte ich natürlich schon das Taschentuch. Hätte ich es nicht gehabt, dann...«
Seine Stimme verklang, ohne dass er den Satz beendete. Das war auch nicht nötig.
Wenn sie das Päckchen nicht gefunden hätte, das Herrn Rosen aus der Tasche gefallen war. Wenn sie nicht durch den Wald gerannt wäre. Wenn die Sol-

daten ihr den Korb abgenommen und ihn behalten hätten. Wenn sie nicht rechtzeitig am Boot angekommen wäre. All diese Gedanken wirbelten durch Annemaries Kopf.

»Sind sie jetzt da, wo sie in Schweden sind, in Sicherheit?«, fragte sie. »Weißt du das?«

Onkel Henrik stand auf und tätschelte Blütes Kopf. »Ich habe sie an der Küste abgesetzt. Dort haben schon Leute gewartet, die sich um sie kümmern. Ja, sie sind ziemlich sicher dort.«

»Und wenn die Nazis Schweden besetzen? Müssen sich die Rosens dann anderswo verstecken?«

»Das wird nicht geschehen. Aus bestimmten Gründen ist den Deutschen daran gelegen, dass Schweden frei bleibt. Das ist eine sehr komplizierte Angelegenheit.«

Annemaries Gedanken wandten sich den Freunden zu, die unter Deck der *Ingeborg* versteckt gewesen waren. »Es muss schrecklich für sie gewesen sein, stundenlang da unten drin gesteckt zu haben«, murmelte sie. »War es dunkel in dem Versteck?«

»Dunkel und kalt und sehr eng. Und Frau Rosen wurde seekrank, auch wenn wir nicht lange auf dem Wasser waren – es ist nicht weit bis Schweden, wie du weißt. Aber sie sind mutige Leute. Und all das war vergessen, als sie an Land gingen. Die Luft war frisch und kühl in Schweden, der

Wind wehte. Das Baby wurde gerade wach, als ich ihnen Lebwohl sagte.«

»Ich frage mich, ob ich Ellen wohl jemals wieder sehen werde«, sagte Annemarie traurig.

»Das wirst du, meine Kleine. Immerhin hast du ihr Leben gerettet. Eines Tages werdet ihr euch wieder finden. Eines Tages wird der Krieg enden«, sagte Onkel Henrik. »Einmal enden alle Kriege. Also«, sagte er und streckte sich, »das war mal eine etwas andere Melkstunde, oder?«

»Onkel Henrik!«, rief Annemarie und brach in Lachen aus. »Sieh doch!« Sie zeigte darauf. »Der Donnergott ist in den Milcheimer gefallen!«

Über all die Zeit

Der Krieg würde enden. Das hatte Onkel Henrik gesagt und er behielt recht. Der Krieg endete beinahe zwei lange Jahre später. Annemarie war zwölf Jahre alt.

An diesem frühen Abend im Mai läuteten in ganz Kopenhagen die Kirchenglocken. Allerorten war die dänische Flagge gehisst. Menschen standen in den Straßen, sangen die dänische Nationalhymne und weinten dabei.

Mit ihren Eltern und Kirsti stand Annemarie auf dem Balkon der Wohnung und beobachtete das Treiben. Zu beiden Seiten, auf und ab der Straße, gab es kaum ein Fenster, das nicht mit Fahnen und Wimpeln geschmückt war. Sie wusste, dass viele Wohnungen leer standen. Nahezu zwei Jahre waren es jetzt, seit Nachbarn in den verlassenen jüdischen Wohnungen die Pflanzen versorgten, Möbel abstaubten und die Kerzenhalter polierten. Ihre Mutter hatte das gleiche für die Rosens getan.

»Dafür sind Freunde da«, hatte Mama gesagt.
Jetzt hatten die Nachbarn in all den Wohnungen, die auf ihre alten Besitzer warteten, die Fenster geöffnet und ein Symbol der Freiheit hinausgehängt.
Frau Johansens Gesicht war an diesem Abend tränenüberströmt. Kirsti sang und schwang dabei einen kleinen Wimpel, ihre blauen Augen leuchteten. Selbst Kirsti hatte sich verändert, sie war nicht mehr das leichtherzige, plappernde Mädchen von damals. Sie war größer und ernster geworden und sehr dünn. Sie glich Lise, wie sie im Alter von sieben Jahren auf den alten Photographien im Familienalbum aussah.
Peter Neilsen war tot. Es war schmerzlich, sich das an diesem Tag, der für ganz Dänemark ein Tag der Freude war, in Erinnerung zu rufen. Doch Annemarie zwang sich dazu, an ihren rothaarigen Beinahe-Bruder zu denken, an ihr Entsetzen, als sie alle die Nachricht erhalten hatten, dass Peter von den Nazis gefasst und auf dem Ryvangenplatz in Kopenhagen öffentlich hingerichtet worden war.
In der Nacht vor seiner Erschießung hatte er ihnen einen Brief aus dem Gefängnis geschrieben. Darin sagte er schlicht, dass er sie alle liebe, dass er sich nicht fürchte und dass er stolz auf das sei, was er für

sein Land und zum Wohle aller freien Menschen getan habe. In diesem Brief hatte er darum gebeten, neben Lise begraben zu werden.
Doch selbst das blieb Peter verwehrt. Die Nazis weigerten sich, die Körper der jungen Männer, die sie in Ryvangen erschossen hatten, herauszugeben. Sie begruben sie einfach dort, wo sie hingerichtet worden waren, und markierten die Stellen lediglich mit Nummern.
Später waren Annemarie und ihre Eltern zu diesem Platz gegangen und hatten auf den kahlen, mit Nummern versehenen Boden Blumen niedergelegt. In jener Nacht erzählten Annemaries Eltern ihr die Wahrheit über Lises Tod zu Beginn des Krieges.
»Sie gehörte auch dem Widerstand an«, hatte Papa erklärt. »Zu einer Gruppe, die alles in ihrer Macht Stehende tat, um für unser Land zu kämpfen.«
»Wir wussten nichts davon«, fügte Mama hinzu. »Sie hat es uns verschwiegen. Peter erzählte es uns erst, nachdem sie gestorben war.«
»Oh, Papa!«, rief Annemarie. »Mama! Sie haben Lise doch nicht erschossen, oder? So, wie sie es mit Peter getan haben, in aller Öffentlichkeit, wo die Leute dabei zusahen?« Sie wollte es wissen, wollte alles wissen, obwohl sie sich nicht sicher war, ob sie die Wahrheit ertragen konnte.

Doch Papa schüttelte den Kopf. »Sie hielt sich mit Peter und den anderen in einem Keller auf, wo sie sich heimlich trafen, um ihre Pläne gegen die Nazis zu schmieden. Irgendwie hatten die Nazis es herausgefunden und an diesem Abend eine Razzia durchgeführt. Sie versuchten sich zu retten und liefen in alle Himmelsrichtungen auseinander.«

»Ein paar von ihnen *wurden* erschossen«, sagte Mama traurig. »Auch Peter wurde getroffen, in den Arm. Weißt du noch, wie er den Arm bandagiert hatte und in einer Schlinge trug, als Lise beerdigt wurde? Er trug einen Mantel, damit es niemandem auffiel. Und einen Hut, um seine roten Haare zu verbergen. Die Nazis suchten überall nach ihm.«

Annemarie konnte sich nicht daran erinnern. Es war ihr nicht aufgefallen. Schmerz und Trauer hatten diesen Tag in ihrer Erinnerung verschwimmen lassen. »Aber was ist mit Lise passiert?«, fragte sie. »Wenn sie nicht erschossen wurde, was ist dann geschehen?«

»Sie haben sie von ihrem Militärwagen aus davonlaufen sehen und sie einfach überfahren.«

»Dann stimmte es also, als ihr mir gesagt habt, sie sei überfahren worden?«

»Ja, das stimmte«, sagte Papa.

»Sie waren alle so jung«, sagte Mama kopfschüttelnd. Sie blinzelte, schloss für einen Moment die Augen und holte tief Luft. »So schrecklich jung, und so voller Hoffnung.«

Annemarie dachte an Lise, als sie jetzt vom Balkon herab auf die Straße sah. Inmitten der Musik, des Gesangs und des Läutens der Kirchenglocken sah sie die Menschen tanzen. Das rief eine andere Erinnerung in ihr wach, die Erinnerung an Lise, wie sie vor langer Zeit in dem gelben Kleid getanzt hatte, in der Nacht, als sie und Peter ihre Verlobung bekannt gaben.

Sie wandte sich ab und ging in ihr Zimmer, wo noch immer, wie vor Jahren, die blaue Truhe in der Ecke stand. Annemarie öffnete sie und bemerkte, dass das gelbe Kleid zu verblassen begann; an den Rändern, wo es so lange zusammengefaltet gewesen war, hatte es die Farbe verloren.

Vorsichtig schlug sie das Oberteil des Kleides auseinander und fand die aufgenähte Tasche, in der sie Ellens Halskette versteckt hatte. Der kleine Davidstern leuchtete in mattem Gold.

»Papa?«, sagte sie, als sie zum Balkon zurückgegangen war, wo er mit den anderen stand und die feiernde Menschenmenge betrachtete. Sie öffnete die Hand und zeigte ihm die Halskette. »Kannst du die reparieren? Ich habe sie über all die Zeit aufgehoben. Sie gehört Ellen.«

Ihr Vater nahm die Kette und untersuchte den zerrissenen Verschluss. »Ja«, sagte er. »Das kann ich reparieren. Wenn die Rosens nach Hause kommen, kannst du sie Ellen zurückgeben.«

»Bis dahin«, sagte Annemarie zu ihm, »trage ich sie selbst.«

Nachwort

Wie viel von der Geschichte um Annemarie ist wahr? Ich weiß, dass man mir diese Frage stellen wird. Lasst mich also versuchen, an dieser Stelle zu erzählen, wo die Tatsachen enden und wo die erfundene Geschichte beginnt.
Annemarie Johansen entstammt meiner Phantasie, doch sie wuchs mit den Geschichten, die mir meine Freundin Annelise Platt erzählte. Ihr, die in den langen Jahren deutscher Besatzung ihre Kindheit in Kopenhagen verbrachte, ist dieses Buch gewidmet.
Annelises Erzählungen aus jener Zeit hatten mich schon immer fasziniert und bewegt – nicht nur die Berichte von der Not ihrer eigenen Familie, von den Opfern, die ihnen und den Nachbarn abverlangt wurden, sondern vor allem das große Gesamtbild, das sie vom Mut und der Integrität des dänischen Volkes unter seinem damaligen König, Christian dem Zehnten, zeichnete.

Und so erfand ich die kleine Annemarie und ihre Familie, siedelte sie in einer Kopenhagener Straße an, die ich selbst schon entlangspaziert bin, und entwarf ihr Leben vor dem Hintergrund der Ereignisse des Jahres 1943.

Es ist wahr, dass Dänemark 1940 vor den Deutschen kapitulierte, aus genau den Gründen, die Annemaries Vater aufzählt: das Land war zu klein und konnte sich, da es über keine nennenswerte Armee verfügte, nicht verteidigen. Hätte das dänische Volk sich zur Wehr gesetzt, wäre es von den deutschen Streitmächten aufgerieben worden. Und daher – und sicherlich mit großer Trauer – kapitulierte König Christian und über Nacht zogen die Deutschen ins Land. Sie besetzten es für fünf Jahre. An jeder Straßenecke waren sie zu sehen, stets bewaffnet und mit glänzend polierten Stiefeln. Sie kontrollierten die Zeitungen und das Schienennetz, sie kontrollierten die Regierung, Schulen und Krankenhäuser, sie kontrollierten das tagtägliche Leben der Dänen.

Nur König Christian selbst vermochten sie nicht zu kontrollieren. Es ist wahr, dass er jeden Morgen allein, auf dem Rücken seines Pferdes, unbewacht den Palast verließ und sein Volk begrüßte. Und auch wenn es so bezaubernd klingt, als könne es nur der Phantasie einer Autorin entsprungen sein:

Die Geschichte von dem Soldaten, der den dänischen Jungen fragt, wer der Mann auf dem Pferd sei – jene Geschichte, die Annemarie von ihrem Vater erzählt bekommt –, ist tatsächlich aus dieser Zeit überliefert.

Es ist ebenfalls wahr, dass die Dänen im August des Jahres 1943 ihre gesamte Flotte versenkten, die im Hafen von Kopenhagen vor Anker lag, damit die Deutschen die Schiffe nicht für ihre eigenen Zwecke einsetzen konnten. Meine Freundin Annelise erinnert sich an jene Nacht und wie Kirsti mögen damals viele Kinder vom Dröhnen der Explosionen, vom Feuerflackern der brennenden Schiffe vor dem leuchtend roten Himmel geweckt worden sein.

Am jüdischen Neujahrstag des Jahres 1943 wurden diejenigen, die sich zum Gottesdienst in der Kopenhagener Synagoge versammelt hatten – so wie die von mir erfundenen Rosens –, von ihrem Rabbi davor gewarnt, dass die Deutschen sie »umsiedeln« wollten.

Der Rabbi wusste dies, weil ein hoher deutscher Offizier diesen Plan der dänischen Regierung verraten hatte, die ihr Wissen an die Vorsteher der jüdischen Gemeinden weitergab. Der Name dieses Deutschen war G. F. Duckwitz und ich hoffe, dass selbst heute, nach so vielen Jahren, Blumen sein

Grab schmücken, denn er war ein mutiger und mitfühlender Mann.

Und so flohen die Juden, mit Ausnahme der wenigen, die den Warnungen keinen Glauben schenkten, vor den ersten Verfolgungen. Sie flohen in die Arme der Dänen, die sie aufnahmen, die ihnen zu essen gaben, sie kleideten, sie versteckten und ihnen dann dabei halfen, nach Schweden und in Sicherheit zu gelangen.

In den Wochen, die dem jüdischen Neujahrstag folgten, wurden praktisch alle dänischen Juden – nahezu siebzigtausend Menschen – über das Meer nach Schweden geschmuggelt.

Das kleine, handgesäumte Taschentuch, das Annemarie ihrem Onkel bringt? Sicher die Erfindung einer Autorin, die aus einem erfundenen kleinen Mädchen eine Heldin machen will?

Nein. Auch dieses Taschentuch ist Teil der Geschichte jener Zeit. Nachdem die Nazis damit begonnen hatten, Polizeihunde zum Aufspüren der auf Booten versteckten Juden einzusetzen, arbeiteten schwedische Wissenschaftler in fliegender Eile daran, dieses Vorhaben zu vereiteln. Sie stellten ein starkes Pulver aus getrocknetem Kaninchenblut und der Droge Kokain her. Der Blutgeruch zog die Hunde an, doch wenn sie daran schnüffelten, betäubte das Kokain ihre Nasen und zerstörte kurzfristig ihren Geruchssinn. Beinahe jeder Kapitän besaß ein derart präpariertes Taschentuch und viele Leben wurden auf diese Weise gerettet.

Die geheimen Operationen, denen die Juden ihr Leben verdankten, wurden vom dänischen Widerstand durchgeführt, der sich, wie alle Widerstandsbewegungen, hauptsächlich aus den sehr Jungen und den sehr Tapferen rekrutierte. Peter Neilsen, auch wenn er ein Geschöpf meiner Phantasie ist, steht stellvertretend für diese mutigen und idealistischen Menschen, von denen so viele durch die Hand des Feindes starben.

Beim Studieren der Bücher über dänische Widerstandsführer stieß ich auf den Bericht eines jungen Mannes namens Kim Malthe-Bruun, der im Alter von einundzwanzig Jahren von den Nazis verhaftet und hingerichtet wurde. Ich las seine Geschichte, wie ich bereits viele zuvor gelesen hatte, schlug die Seiten um, blätterte vor und zurück: diese Sabotage, jene Taktik, diese Gefangennahme, jene Flucht. Nach einiger Zeit wird dem Leser selbst Heldenmut zur Gewohnheit.

Und dann, gänzlich unvorbereitet, schlug ich eine Seite um und sah ein Photo von Kim Malthe-Bruun. Er trug einen Rollkragenpullover, sein dichtes, helles Haar war vom Wind zerzaust. Regungslos sahen seine Augen mich an.

Ihn dort vor mir zu sehen, auf dieser Buchseite, so schrecklich jung, brach mir das Herz. Doch diese stille Entschlossenheit in seinen Augen zu sehen machte auch mich entschlossen: seine Geschichte zu erzählen und die all jener Dänen, die seine Träume teilten.
Und daher möchte ich mit einigen Worten enden, die dieser junge Mann in der Nacht vor seiner Hinrichtung in einem Brief an seine Mutter richtete.

– und Ihr alle müsst es Euch merken – dass Euer Traum nicht sein darf, zu der Zeit vor dem Krieg zurückzukehren, sondern dass Euer aller Traum, der Jungen und der Alten, sein soll, Verhältnisse zu schaffen, die nicht einseitig sind, sondern ein rein menschliches Ideal verwirklichen, das jedermann als ein Ideal für uns alle ansehen und empfinden wird. Das ist das große Geschenk, nach dem unser Land dürstet, etwas, wonach jeder kleine Bauernsohn sich sehnen und mit Freude fühlen kann, dass er daran teilhat und dafür arbeitet und kämpft.

Nach diesem Geschenk – einer Welt, in der Menschlichkeit herrscht – sehnen sich noch heute alle Völker der Erde. Ich hoffe, diese Geschichte Dänemarks und seines Volkes erinnert uns alle daran, dass eine solche Welt möglich ist.